HISTOIRE

DE LA

PEINTURE

FLAMANDE ET HOLLANDAISE

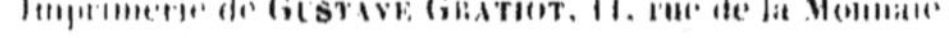

Imprimerie de GUSTAVE GRATIOT, 11, rue de la Monnaie

HISTOIRE

DE LA

PEINTURE

FLAMANDE ET HOLLANDAISE

PAR

ARSÈNE HOUSSAYE

DEUXIÈME ÉDITION.

II

PARIS

FERDINAND SARTORIUS, ÉDITEUR

17, QUAI MALAQUAIS

LONDRES : D. Nutt. | LEIPSICK : Teubner.

MDCCCXLVIII

1847

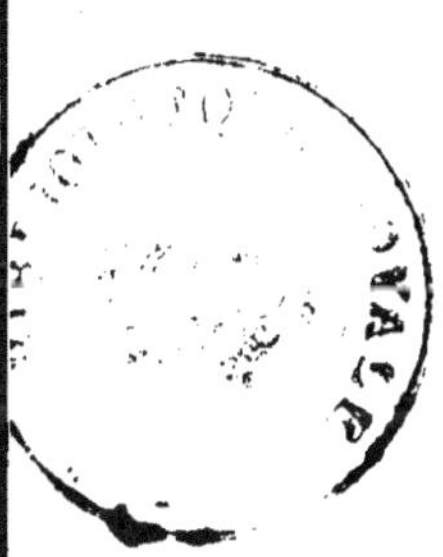

HISTOIRE DE LA PEINTURE FLAMANDE ET HOLLANDAISE.

RUBENS.

II.

CONTEMPORAINS DE RUBENS.

II.

OTTO VENIUS. — LIEMACKER OU ROOSE, JANSSENS. — ROMBOUTS.

On admire l'art dans les tableaux d'Otto Venius, mais on n'y trouve par l'expression intime de la nature. Tout en quittant les régions du
simple et du vrai, il ne s'élève pas à l'idéal. Il a
plus d'ampleur, plus d'éclat, plus de variété ; c'est
bien la préface de Rubens, mais on cherche encore

quand on a longtemps étudié son œuvre. Sainte simplicité flamande, où es-tu ? C'en est fait de toi, nous ne te retrouverons plus dans les grandes pages [1].

Otto Venius, né à Leyde en 1556, mort à Bruxelles en 1634, n'est pas seulement célèbre parce qu'il a eu Rubens pour disciple. Il étudia le latin et la peinture à Leyde ; à quinze ans il passa à Liége, où il trouva un ami dans le cardinal Graesbeeck. Il partit bientôt pour Rome, où il s'attacha avec amour à l'école de décadence. Il ne quitta l'Italie qu'après sept années d'études. Il passa en Allemagne de cour en cour, très recherché partout. La saveur agreste et toujours douce au cœur du pays natal le ramena dans les Pays-Bas. Le duc de Parme, qui gouvernait alors pour l'Espagne, reconnut bien vite le talent du peintre et l'intelligence du lettré ; il le nomma peintre de la cour d'Espagne. Ce fut alors que Rubens

[1] L'œuvre d'Otto Venius se compose de portraits et de tableaux religieux. Parmi les livres qu'il a laissés, on cite l'*Histoire de la guerre des Bataves, les Emblèmes d'Horace, la Vie de saint Thomas d'Aquin, les Emblèmes de l'amour divin*, tous ornés de belles estampes. Le chevalier Bullart a écrit la vie d'Otto Venius.

lui demanda la faveur de peindre sous sa direction. A la mort du duc de Parme, Otto Venius
passa au service de l'archiduc Albert, après avoir
salué son entrée à Anvers par un arc de triomphe
riche en savantes allégories. L'archiduc l'appela à
Bruxelles comme intendant de la monnaie. A
Bruxelles comme à Anvers, comme partout où il
avait séjourné, il se montra robuste au travail, soit
qu'il tînt la plume ou le pinceau. Plus d'un savant, plus d'un artiste, plus d'un prince recherchait son amitié et même sa protection, car il était
l'homme du bon conseil. Le roi Louis XIII voulut
l'attirer à la cour de France ; il lui offrit un de ses
palais pour demeure, disant qu'il le reconnaissait pour un prince des arts. Otto Venius était de
ceux qui tiennent ferme au pays natal, aimant
mieux y recueillir une gerbe mêlée d'ivraie qu'une
gerbe d'or pur ; il voulut mourir en Flandre. Il
eut deux filles, Gertrude et Cornélie, qui ont honoré la peinture. Gertrude a peint un beau portrait d'Otto Venius coiffé d'une toque retroussée
comme le vieux Hubert Van Eyck. Dans le front et
dans le regard on reconnaît le savant, le penseur
et l'artiste. Il porte une fraise à double rang, que

cache à demi sa barbe grise [1]. Otto Venius réduisit le premier en principe la science du clair-obscur. Tout en s'appropriant le savant laisser-aller des Italiens de Venise et de Bologne, il avait perdu cette touche naïve, saine et patiente de l'école de Bruges.

A l'atelier d'Otto Venius, Rubens eut d'abord un rival sérieux dans Nicolas de Liemacker, surnommé Roose, qui avait l'instinct des grandes compositions. Rubens admira sans jalousie son talent à grouper les figures, le goût savant de son dessin, la hardiesse de son coloris. Plus tard Rubens, déjà reconnu le plus grand peintre de son siècle, demeura fidèle à cette admiration pour Roose. Il fut appelé à Gand, où s'était établi son condisciple, pour peindre au retable d'un autel la chute des anges rebelles. « Messieurs, dit-il aux

[1] Ce fut sous la gravure de ce portrait que le savant Éricius Puteanus écrivit ces vers :

> Arti suæ miraculo felix Pater
> E Filià jam plenus ævo nascitur,
> Victurus omni, clarus atavis Batavis
> Pictor, poeta, philosophus, castrensium
> Callens mathematum, orbita dii ingeni
> Per alta vectus rerum, et ima, et intima
> Scientiarum, docta vena Vœnius.

membres de la confrérie, quand on possède une *rose* si belle, on peut bien se passer de fleurs étrangères. » Le peintre de Gand se montra digne de ces paroles ; sa *Chute des Anges rebelles* pourrait sans affront porter la signature de Rubens [1].

Tout en reconnaissant la science et le style d'Otto Venius, Rubens, déjà pénétré du naturalisme flamand, eut le bon esprit de ne pas sacrifier à ce nouveau maître les œuvres robustes et originales d'Adam Van Oort. Otto Venius, même dans ses hardiesses, avait des timidités aux yeux de Rubens, même dans son ampleur il avait de la sécheresse, même dans son éclat il avait de l'ombre. Et puis Otto Venius avait le tort de tous les érudits, dans les arts comme dans les lettres : il peignait trop de par tel peintre vénitien ou tel

---

[1] Roose a peint pour les églises du Brabant plus de cent tableaux d'autel. La multiplicité des figures n'effrayait jamais son pinceau. Il dédaignait le chevalet, disant qu'il lui fallait beaucoup d'espace pour répandre toutes les flammes de son imagination. Sa grandeur est trop souvent colossale. Il se sauvait toujours par le goût du dessin. Il répandait tant de feu dans la composition, qu'il n'avait plus de chaleur pour terminer le tableau ; aussi sa couleur est-elle un peu froide, quoiqu'il abusât des tons rouges et des ombres noires.

Roose, né à Gand en 1575, y mourut en 1645, sans avoir presque voyagé.

peintre bolonais, comme un savant qui indique ses auteurs à chaque page. Rubens avait trop de sources vives jaillissantes déjà pour aller puiser d'une main timide aux sources étrangères.

Rubens quitta son dernier maître à peine âgé de vingt-trois ans, soit qu'il craignît de trop subir l'influence d'Otto Venius, soit que celui-ci lui conseillât de voyager. Rubens eut encore un maître, maître souverain dont il faut parler ici. Ce grand maître, ce fut son temps, ce XVIe siècle tout plein des fougues, des colères, des orages des guerres civiles et des fureurs religieuses. Dieu sème le génie dans le sang des révolutions; après les grandes actions viennent les grands artistes. Dieu dispose le tableau, le peintre n'a plus qu'à le fixer sur la toile. Les uns ont la nature pour souverain maître, ils vivent dans son silence éloquent et dans ses joies agrestes, dans la poésie de ses métamorphoses et de ses horizons : c'est Claude Lorrain, c'est Ruysdaël. Les autres, comme Ostade ou Metzu, ont pour souverain maître le génie du foyer, parce qu'ils ont vécu les pieds dans l'âtre, l'œil distrait par le roman familier de l'intérieur. Ceux-ci, Raphaël ou Lesueur, ont pour les guider le divin sentiment qui fleurit dans leur âme comme un lys du rivage sacré ; ceux-là, Michel-Ange ou Rubens, ont emprunté la fougue, le bruit et l'éclat de leurs compositions aux révolutions qui les ont bercés.

Après avoir quitté Otto Venius et avant de partir pour l'Italie, Rubens, peut-être incertain encore sur son génie, passa quelque temps à courir le monde. Il ébaucha les portraits de ses amis, tous gentilshommes flamands ou espagnols. Albert et Isabelle accueillirent à la cour ce jeune peintre, déjà gentilhomme par le talent comme par la naissance. Selon Sandrart, Rubens n'alla en Italie que chargé d'une mission par l'archiduc d'Autriche pour le duc de Mantoue, Vincent de Gonzague. Ce qui est hors de doute, c'est que Rubens demeura près de huit ans à la cour du duc de Mantoue. Mais, beaucoup plus artiste que courtisan. À toute heure et en tous lieux il ne cessait d'étudier tantôt les anciens poëtes, tantôt la nature qui passait devant ses yeux, tantôt l'œuvre des grands maîtres. Il peignait d'ailleurs une galerie pour le duc de Mantoue. Un jour qu'il représentait le combat de Turnus et d'Énée, il récitait à haute voix, pour animer son génie, ces vers de Virgile : « *Ille etiam*

patriis aymen ciet... » Le duc, qui l'avait écouté,
entra en riant et lui parla latin, croyant qu'il
n'entendait pas cette langue. Mais quelle fut sa
surprise, lorsque le peintre lui répondit, en style
digne du siècle de Cicéron! Il comprit surtout
alors qu'il avait dans son palais un gentilhomme
accompli qui pouvait le servir par son esprit comme
par son talent. Il lui donna bientôt une mission
pour Philippe III, roi d'Espagne. La mission du
peintre fut sans doute de faire des portraits, car
il peignit à Madrid le roi et toute sa cour; seulement les cent mille piastres qu'il y gagna furent
bien pour lui et non pour son seigneur et maître.
Rubens fut si hautement renommé à Madrid, que
le duc de Bragance, qui allait devenir roi de Por-
tugal, écrivant à un seigneur de la cour, le supplia
d'amener avec lui l'ambassadeur du duc de Mantoue à Villaviciosa, où le duc faisait sa résidence
et méritait déjà le surnom de protecteur des sciences
et des arts. Rubens, né pour la pompe des rois, né
pour le luxe et le fracas, prit la route de Villaviciosa
avec un train considérable, qui mit en rumeur toute
la province. La reine de Saba allant visiter Salomon n'étala guère plus de faste et de splendeur.

« Le duc de Bragance, dit Descamps, effrayé de la dépense qu'un tel hôte pourrait occasionner, dépêcha un gentilhomme au-devant de l'artiste, qui n'était plus qu'à une journée de sa cour, *pour le prier de remettre sa visite à un autre temps.* » Ce compliment était accompagné d'une bourse de cinquante pistoles, pour dédommager Rubens de sa dépense et des heures qu'il avait perdues. Rubens répondit qu'il ne recevrait pas ce présent et qu'il visiterait le duc de Bragance. « Je ne suis point venu peindre, mais pour m'amuser pendant une semaine à Villaviciosa. Que voulez-vous que je fasse de cinquante pistoles? J'en ai rapporté mille pour les dépenser pendant mon séjour. »

A peine de retour à Mantoue, le duc, qui voulait avoir une immense galerie due à Rubens, l'envoya copier à Rome les tableaux des grands maîtres. Jusque-là cependant Rubens, qui avait quitté les Flandres pour aller s'enivrer de lumière devant l'école de Venise, n'avait pu étudier les maîtres de la couleur italienne. De Rome il alla à Venise. Quand il se vit en face des Titien, des Tintoret et des Véronèse, il sentit plus que jamais qu'il était né peintre et jura de ne plus éparpiller son génie dans les plaisirs frivoles des cours. Il quitta peu à peu son royal protecteur pour étudier en toute liberté les anciennes écoles d'Italie. Il n'avait pas pris le temps de vivre seul dans les rayonnantes extases de la pensée. Il vécut désormais seul, traversant comme un vieux pèlerin Venise, Rome, Gênes, Florence. L'art était devenu son dieu; il ne l'avait aimé d'abord que par caprice; son culte devenait plus grave. Ce qui acheva surtout de mûrir son esprit, ce qui vint à l'heure décisive donner à son génie un caractère plus solennel, ce fut la mort de sa mère. A la première nouvelle de la maladie, il était parti en toute hâte, mais il n'arriva que pour pleurer sur un tombeau. Sa douleur fut si profonde, qu'il se retira dans l'abbaye de Saint-Michel d'Anvers, presque décidé à n'en jamais sortir.

L'amour bâtit sur la mort : l'année même où il s'agenouilla tant de fois sur une tombe aimée, il devint follement épris de cette belle Isabelle Brandt dont il a laissé tant de portraits. Tout amoureux qu'il fût cependant, il voulait d'abord retourner à Mantoue. En vain l'archiduc Albert lui fit dire « qu'il ne souffrirait qu'avec peine que Mantoue

enlevât à la Flandre espagnole son précieux orne-
ment. » Mais quand Isabelle Brandt lui dit ces
simples paroles en le regardant avec une naïve
tendresse : « Vous partirez? » il demeura. En
épousant Isabelle, il réalisa un des mille rêves de
sa jeunesse. Sa femme était belle, il en fit une
reine : il ne la mit point dans une maison, mais
dans un palais; il lui donna des chevaux et des
laquais, les plus riches étoffes, les plus rares pa-
rures. Si la chambre d'Isabelle semblait l'œuvre
des fées, l'atelier de Rubens était l'œuvre d'un
artiste achevé : c'était un cabinet en rotonde
éclairé par en haut, orné de vases de porphyre et
d'agate les plus merveilleusement sculptés, de
bustes antiques et modernes du plus haut style.
Toutes les écoles de peinture avaient là leur représentant dans quelque œuvre précieuse. Cette collection enviée par tous les princes, Rubens la céda
plus tard, bien à regret, au duc de Buckingham,
qui, en lui comptant soixante mille florins, croyait
bien qu'il ne la payait pas; mais le duc lui donna
son amitié, qui fut inépuisable. Quoiqu'il vécût
comme un prince, Rubens vivait heureux. Il avait
le luxe, mais il avait la liberté. Et puis, s'il tra-

vaillait, c'était avec la religion de l'art; ses loisirs étaient ceux d'un esprit intelligent qui s'en va butiner comme l'abeille gourmande sur toutes les fleurs de la science. En un mot, son temps était à lui, voilà tout le secret. L'or tombait de sa palette comme par enchantement : ses moindres ébauches étaient recherchées dans les quatre royaumes. Il comprenait si bien que le temps est une richesse qui passe, qu'il ne voulait pas perdre une heure. Il dormait peu; il courait beaucoup à pied ou à cheval, tantôt le monde, tantôt les bois. Il avait son lecteur ordinaire : il ne saisissait jamais sa palette sans que celui-ci vînt avec deux ou trois auteurs, tantôt sacrés, tantôt profanes. Il n'avait pas besoin d'ailleurs de la science des autres; tous les poëtes lui étaient familiers; il parlait sept langues et connaissait à fond toutes les théologies et toutes les histoires[1]. Cependant peu à peu la paresse vint saisir cet esprit éclatant. Comme l'amour de l'or et du luxe ne s'altérait

---

[1] Il a commencé plus d'un livre; il a écrit un ouvrage sur *la Peinture et les couleurs*, qui n'est point imprimé, quoi qu'en disent l'abbé Ponce de Léon et le Dictionnaire de Moréri, qui ont confondu avec le manuscrit de Rubens un livre intitulé : *Rube-*

pas chez lui, il choisit sept à huit de ses élèves et
les mit à l'œuvre, non pour eux, mais pour lui.
Il devint pour ainsi dire un très intelligent chef
d'orchestre. Il avait une estrade dans son atelier,
il y montait avec des livres, il traçait quelques
lignes et commandait à haute voix. Comme il avait
choisi les talents les plus variés, les sept ou huit
élèves pouvaient travailler au même tableau; l'un
traitait le nu, l'autre la draperie, celui-ci le paysage,
celui-là les animaux, enfin le maître venait à son
tour parachever l'œuvre. En quelques coups de
palette il avait l'art de répandre la vie et d'imprimer son style. Il pouvait signer en toute conscience, c'était bien l'œuvre de Rubens; il avait
donné l'inspiration, il avait tracé le dernier mot.

Cependant quelques-uns des élèves se confiè-
rent un jour que Rubens avait tout l'argent et toute
la gloire. De là la révolte ouverte. Ils répandirent
le bruit que sans le secours de ses disciples Rubens serait un pauvre paysagiste, un mauvais

nius de re vestiara (de l'Art de peindre les draperies), _Conver-
sations de_ de Piles, page 216, et _Abrégé des vies des Peintres_,
page 391. Il a aussi paru dans les journaux une lettre sur ce
sujet, écrite d'Anvers le 15 septembre 1769.

peintre de kermesse et un plus mauvais peintre
d'animaux. Rubens répondit à la critique, comme
tous les grands artistes, par de nouveaux chefs-
d'œuvre. En quelques semaines il peignit une
kermesse éclatante, des animaux et des paysages
d'une grande manière et d'un grand effet. Ceux
qui s'étaient le plus acharnés contre sa gloire ne se
tinrent pas pour battus; Abraham Jeanssens entre
autres, téméraire dans sa fureur de combattre, osa
proposer à Rubens un défi de peinture. Rubens se
contenta de lui répondre : « Quand vous serez à ma
taille, j'accepterai le défi. »

Abraham Janssens (1569-1631) n'était pas
d'ailleurs un premier venu dans la peinture. Sa
belle manière, le feu de sa composition, le goût
de son dessin, le sentiment de sa touche, le jet et
le pli de ses draperies, sa science du clair-obscur,
son grand instinct de coloriste, l'élevaient presque
à la taille de Rubens. La lutte eut lieu sans que
ces deux maîtres y songeassent. Rubens peignit
son immortelle *Descente de Croix*, Janssens sa sublime *Résurrection de Lazare*. Mais, outre que le
premier chef-d'œuvre l'emportait sur le second,
là s'arrêta la lutte : Rubens continua à vivre en

étudiant au milieu des merveilles de l'art et de la
poésie; Janssens, irrité par sa folle vanité et par
les ennemis de Rubens, appauvri par les folies de
sa femme, alla vivre et mourir au cabaret. Combien qui s'embarquent sur un bon navire, qui
font route par une brise rafraîchissante, mais qui,
sur le point d'aborder, vont se briser dans les
écueils? Que de fois le cabaret des Flandres fit
échouer le génie au moment suprême où il criait :
Terre !

Théodore Rombouts, qui étudiait avec Janssens,
puisa chez son maître et son ami la folle ambition
de vouloir lutter contre Rubens. Il fit le voyage
d'Italie et s'arrêta quelque temps à la cour du
grand-duc de Toscane. Se croyant homme de cour,
il revint à Anvers décidé à ouvrir la lutte contre
Rubens comme grand seigneur et comme grand
artiste. Il exposa un tableau d'un beau sentiment et d'un beau caractère, *Abraham prêt à im-
moler son fils.* Tout le monde admira la noblesse
et la pureté du dessin, la grandeur de l'expression, la fierté de la touche et l'éclat de la couleur. Enivré par ce premier triomphe, mais ennuyé d'entendre encore dire que Rubens était le

premier des peintres modernes, il s'imagina que ce titre ne lui était accordé que parce qu'il vivait dans un palais comme un prince. Il voulut atteindre à sa magnificence; il jeta les fondations d'un palais non loin de celui de Rubens, qu'il devait surpasser en folles richesses; mais le palais était à moitié bâti quand Rombouts en fut à son dernier florin. Il avait jeté étourdiment toute sa fortune dans cette œuvre de folie. La guerre survint, qui suspendit les revenus de son talent. Cette grande ambition ne put survivre à cette défaite. Théodore Rombouts mourut de chagrin à quarante ans (1597-1637). Il reste de lui des tableaux d'église d'une grande manière et des bambochades, ivrognes, charlatans, harengères, dont les figures, presque grandes comme nature, sont enlevées avec beaucoup de verve.

III.

La reine Marie de Médicis avait appris de bonne heure, par tradition de famille, que les beaux-arts autant que les belles actions immortalisent un nom royal. Le génie de la statuaire, de la peinture et de la poésie n'a-t-il pas répandu plus d'éclat sur les grandes figures de l'histoire que l'histoire elle-même? En 1620, Rubens était le seul grand artiste qui parût digne à Marie de Médicis d'imprimer sur la toile l'éternité de sa gloire. Rubens fut donc choisi par elle pour peindre le célèbre poëme épique du Luxembourg, poëme en vingt-quatre chants, comme ceux d'Homère. Rubens, pourquoi ne pas le dire? s'est montré dans cette œuvre moins grand artiste que profond courtisan ; car on peut contester le goût de ses allégories, roman historique, histoire romanesque, où le sacré coudoie le profane dans un petit cercle, qui prend des airs de grandeur par la seule magie du pinceau. Il faut dire aussi que l'inspiration n'était pas favorable au génie. La vie de Marie de Médicis n'a offert qu'une page poétique à l'histoire : cette page, Rubens ne l'a pas vue; c'est celle où, par l'ingratitude de Richelieu, la reine-mère alla mourir de misère à Cologne, dans la maison même où était né Rubens. S'est-elle rappelé à son lit de mort le poëme menteur du grand peintre, qui avait entouré son berceau de destins et de génies prédisant pour elle un avenir splendide [1]?

[1] La première de ces vingt-quatre allégories représente les Parques qui filent les jours de Marie de Médicis sous les yeux de Jupiter et de Junon; la seconde, sa naissance; la troisième, son éducation; la quatrième, Henri IV lorsqu'il décide son mariage avec cette princesse; la cinquième, l'hyménée; la sixième, le débarquement de la reine au port de Marseille; la septième, la ville de Lyon lorsqu'elle va au devant d'elle; la huitième, la naissance de Louis XIII son fils; la neuvième, le départ d'Henri IV pour l'Allemagne; la dixième, le couronnement de la reine; la onzième, l'apothéose d'Henri IV; la douzième, le gouvernement de Marie de Médicis; la treizième, son voyage au pont de Cé; la quatorzième, l'échange qui se fait des deux princesses, quand Anne d'Autriche, infante d'Espagne, vient en France épouser Louis XIII, et Élisabeth, sœur du roi, va en Espagne épouser l'infant (depuis Philippe IV); la quinzième, le bonheur du peuple sous la régence de la reine; la seizième, la majorité de Louis XIII; la dix-septième, la reine fuyant de la ville de Blois; la dix-huitième, son zèle pour la paix; la dix-neuvième, la conclusion de la paix; la vingtième, la paix est ratifiée dans le ciel; la vingt-unième, le Temps qui découvre la Vérité; la vingt-deuxième, Marie de Médicis sous la forme de Pallas; la vingt-troisième, le grand-duc de Toscane, père de cette princesse; la vingt-quatrième, Jeanne d'Autriche.

Winckelmann admire beaucoup trop les allégories de Rubens. « Rubens a cherché à représenter Henri IV comme un vainqueur humain et pacifique, qui témoigna de l'indulgence et de la bonté même envers ceux qui s'étaient rendus coupables de rébellion et de lèse-majesté. Il représenta son héros sous la figure de Jupiter, qui ordonne aux dieux de punir les vices et de les plonger dans l'abîme. Apollon et Minerve décochent leurs flèches sur ces vices, représentés par les figures allégoriques

Je reconnais avec Winckelmann que la peinture
étend son empire sur les idées, sur le monde de
l'âme comme sur le monde qui frappe les yeux.
Nous sommes gouvernés par des allégories; la religion et la philosophie ne sont peuplées que de
symboles. Les arts surtout vivent par le symbole,
mais pourtant je n'aime pas les énigmes dans
l'art. Je ne puis admettre avec Platon que la
poésie soit énigmatique. Homère, le grand maître,
ne répand jamais d'ombres sur ses idées; il est
clair comme le ciel du matin. Dans ses tableaux
immortels, l'allégorie apparaît sans nuages, fière
et belle comme la vérité. N'est-ce pas un tableau
tout fait que cette allégorie des Prières : « Appre-
nez, ô Achille! que les Prières sont filles de
Jupiter; elles sont devenues courbées à force de se
prosterner; l'inquiétude et les rides profondes
sont gravées sur leur visage; elles forment le
cortége de la déesse Até. Cette déesse passe d'un

de monstres qui tombent tumultueusement par terre. Mars en
fureur veut tout détruire; mais Vénus, comme emblème de
l'Amour, retient doucement le bras du dieu de la guerre. L'expression de Vénus est si grande qu'on croit entendre cette
déesse adresser ces paroles à Mars : Que la colère ne vous
emporte pas contre les vices; ils sont assez punis. »

air fier et dédaigneux, et, parcourant d'un pied léger tout l'univers, elle afflige et tourmente les humains; elle tâche d'éviter les Prières, qui la poursuivent sans cesse, et qui s'occupent à guérir les plaies qu'elle a faites. Ces filles de Jupiter, ô Achille! versent leurs bienfaits sur celui qui les honore. » Il y a, dans toutes les allégories antiques, une grandeur et une simplicité qui fait leur lumière; les allégories modernes, plus ingénieuses que grandes, sont souvent confuses, presque jamais simples. Si les anciens avaient à peindre la mort d'une jeune fille, ils la représentaient enlevée dans les bras de l'Aurore, symbole d'une grâce adorable qu'ils devaient à leur poésie panthéiste, et non pas, comme a dit Winckelmann, plus savant que poëte, à la coutume d'inhumer les enfants à la pointe du jour. Or, demandez un symbole aux peintres modernes sur la mort d'une jeune fille!

Rubens a été forcé de ne prendre aux anciens, lui qui était un génie de premier ordre, que des allégories surannées; ce qu'il fallait à ce fier pinceau, à ce poëte épique, à ce savant artiste, c'était l'allégorie renfermant dans sa figure sublime le

sens mystérieux de la fable, et non le symbole
des vertus et des vices. La galerie du Luxembourg
de Rubens est un poëme qui ne vaut guère mieux
que *la Henriade*, exécution à part, car Voltaire
poëte épique n'a ni verve ni couleur. Mais, si
Rubens n'a cherché que des prétextes pour dé-
ployer toutes les hardiesses de son pinceau et tout
le luxe de sa palette, applaudissons à ce chef-
d'œuvre éclatant, sinon profond.

Rubens vint achever ce chef-d'œuvre à Paris,
où la reine l'avait plus d'une fois appelé. Marie de
Médicis prit un vrai plaisir à le voir peindre, car
il couvrait une grande toile comme par magie. Il
fut retenu en France par toute la cour qui voulait
poser devant lui. Sa carrière diplomatique commença à son retour en Flandre. Il connaissait les
hommes de longue date par l'étude des passions ;
il était grand physionomiste ; il jugeait vite et
jugeait bien. Son grand œil pénétrant, quoique
enivré de lumière, allait au fond des cœurs. L'infante Isabelle eut de graves entretiens avec lui sur
la situation des Pays-Bas. Elle comprit que c'é-
tait le seul homme de haute intelligence qui fût
à sa cour ; elle ne le nomma point ambassadeur,

mais elle lui confia la mission d'aller en Espagne
conférer avec le roi sur les dangers d'une guerre
plus longue en Brabant. Il fut accueilli à la cour
d'Espagne par le roi, par le duc d'Olivarès et le
marquis de Spinola, comme un ambassadeur en
titre. Il fit mieux que de peindre l'état des Flandres, il donna d'excellents conseils pour l'avenir.
Le roi d'Espagne lui donna comme preuve de son
contentement six chevaux andalous, un diamant
de prix et la charge de secrétaire du conseil privé
avec la survivance de cette charge pour son fils [1].
A peine de retour en Flandre, Isabelle l'envoya en

[1] « Ce séjour ne fut pas plus stérile pour l'artiste que pour
le négociateur. Il laissa au delà des Pyrénées des traces ineffa-
çables de son passage : on sait avec quelle admiration les voyageurs parlent des tableaux qu'il fit en Espagne. Cette haute
estime des Espagnols pour les œuvres de Rubens s'explique
fort bien. La couleur méridionale procède par absorption, celle
du nord par réfraction de la lumière; toutes deux sont consé-
quentes avec la nature qui les environne. C'est pourquoi les
tableaux espagnols et italiens, l'école vénitienne exceptée, nous
semblent si noirs, indépendamment des causes matérielles qui
les ont noircis. Rubens, au contraire, devait donner aux Espagnols presque des éblouissements, et ce qui assurait son succès,
c'est que ce frais et riant coloris n'altérait en rien l'énergie de
son dessin, la fougue de ses compositions. Il respirait la force,
le mouvement, la vie, dans un pays où l'art adorait l'inaction,
le sommeil et la mort. » EUGÈNE ROBIN. *Les Belges illustres.*

Hollande, toujours avec la mission d'arriver à la paix. La négociation allait arriver à bonne fin, quand mourut le prince de Nassau. Ce fut alors que le roi d'Espagne confia à Rubens la mission d'aller en Angleterre, toujours dans le même but. Le peintre passa en Grande-Bretagne comme un simple voyageur; il visita son ancien ami, le duc de Buckingham, et demanda à être présenté au roi. Il fut accueilli à la cour avec toute sorte de bonne grâce. Il déplora la guerre entre l'Espagne et l'Angleterre. « Qui sait? dit-il avec un sourire, peut-être le roi d'Espagne et le roi d'Angleterre ne seraient pas fâchés de consentir à la paix? — Qui sait? » dit le roi devenu pensif. Rubens comprit que le moment était favorable; il déplia ses lettres de créance et demanda la paix au nom du roi son maître. Charles Ier, pour donner à cet ambassadeur extraordinaire une preuve de haute estime, lui passa au cou à l'instant même le cordon de son ordre. Peu de jours après il le créa chevalier en plein parlement et lui remit l'épée qui venait de lui servir pour la cérémonie.

Rubens n'était pas aux termes de ses missions diplomatiques; nous ne le suivrons pas plus long-

temps dans cette région fatale au génie, car le
génie aime la solitude qui inspire. Il regretta
bientôt lui-même de s'être un peu trop attardé
dans ces vanités de cour qui dévoraient le meilleur
de son temps, mais qui du moins l'avaient dé-
tourné peu à peu de sa douleur à la mort de sa
femme. Il prit à la fin la ferme résolution de vivre
désormais pour l'art et pour lui-même. Il se ren-
ferma à Anvers dans cette toute royale maison où
il avait passé ses plus belles heures; mais il n'y
retrouva ni sa jeunesse ni l'amie de sa jeunesse.
Il n'eut pas la force de vivre seul. Il y avait à
Anvers une jeune fille d'une rare beauté, Hélène
Formann, qui comptait seize ans à peine ; il l'é-
pousa, tout en reconnaissant la folie d'un pareil
hyménée. C'était d'ailleurs une belle folie, qui eût
entraîné les plus raisonnables. Rubens a immortalisé Hélène Formann comme Isabelle Brandt.
Depuis son second mariage jusqu'à sa mort, il
peignit toutes ses Vierges sur le modèle de sa
jeune femme.

Il y a au musée de Munich deux portraits de
Rubens peints par lui-même. Dans le premier, il
s'est représenté dans tout l'éclat de sa luxuriante

jeunesse, donnant la main à Isabelle Brandt ; dans le second, c'est un homme déjà mûr, qui se promène avec une femme et un enfant ; cette autre femme, c'est Hélène Formann. Dans la fameuse *Descente de croix*, la Vierge et la Madeleine rappellent la nature et l'expression de ces deux femmes de Rubens.

Rubens, frappé de la goutte, mourut à l'âge de soixante-deux ans et onze mois, le 30 mai 1640, laissant à ses deux fils et à sa fille un nom glorieux et une grande fortune. Il mourut vaillamment, le pinceau à la main. Son génie lui était demeuré fidèle compagnon ; jamais grand artiste n'avait créé tant d'œuvres immortelles. Il fut enterré dans l'église Saint-Jacques d'Anvers, derrière le chœur. Ses funérailles furent celles d'un prince. On porta devant son cercueil une couronne d'or sur un carreau de velours noir. La noblesse, le clergé, les artistes, les gens du peuple, vinrent en foule saluer cette couronne et s'agenouiller devant son cercueil [1] ; mais c'était au XIX° siècle qu'il était

---

[1] Entre autres épitaphes, on a remarqué celle du chevalier Bullart :

réservé d'élever une statue à Rubens en pleine place d'Anvers, comme pour un roi. Quel roi oserait lui disputer la place?

V.

Rubens peignait comme Homère et Théocrite chantaient; il avait la grandiosité dans le génie.

Ipsa suos Iris, dedit ipsa Aurora colores,
  Nox umbras, Titan lumina clara tibi.
Das te Rubenius vitam, mentemque figuris,
  Et per te vivit lumen, et umbra, color;
  Quid te, Rubeni, nigro mors funere volvit?
  Vivit, victa tuo, picta colore rubet

« C'est surtout à la modeste église Saint-Jacques que doivent se rendre en pieux pèlerinage les admirateurs du grand peintre d'Anvers. Là se trouvent son tombeau, son portrait et l'un de ses chefs d'œuvre. Le tombeau, dessiné d'après Rubens lui-même, remplit une petite chapelle derrière le chœur de l'église. Son corps repose au centre de cette chapelle, sous une vaste pierre tumulaire que foulent aux pieds les dévots et les touristes, et qu'on a surchargée d'une longue inscription latine où sont rappelés en style lapidaire tous les noms, titres et mérites du défunt, tandis qu'il suffisait d'inscrire ce seul mot : RUBENS. Le tableau qui orne l'autel présente, sous prétexte d'*une Sainte Famille*, toute la famille du peintre. Saint George le guerrier est Rubens lui-même, saint Jérôme son père, le Temps son grand-père, un ange son fils, Marthe et Madeleine ses deux femmes. Quant à la Vierge, on croit que c'est une demoiselle Lunden.

Les luxuriantes et naïves Flamandes lui rappelaient les formes héroïques des femmes de Sparte, de Lacédémone et de Syracuse. Il est d'un grand aspect comme la mer, les tempêtes et les montagnes. Il passe rapide comme la foudre, sans s'arrêter aux ciselures ni aux mosaïques. Sous son pinceau la mer jaillit tout entière et non vague par vague, les montagnes s'élèvent par grandes lignes et non par rochers et par touffes d'herbes.

Rubens, quelque tableau qu'il fît, conservait, même à son insu, ce style d'apparat qu'il avait emprunté à l'école de Venise, mais surtout à Paul Véronèse. Il faut bien avouer qu'il y a un peu de mouvement théâtral dans son talent; il n'est pas

qui lui servit de modèle en plusieurs occasions, et qu'on appelait communément *le chapeau de paille*, depuis que Rubens l'avait peinte avec la coiffure qu'indique ce surnom. Cette prétendue *Sainte Famille*, qui, par le nombre des personnages, sort beaucoup des dimensions ordinaires, est un tableau magnifique, d'une composition ingénieuse et facile, d'une couleur incomparable, d'un effet ravissant et d'une conservation parfaite. De toutes les œuvres de Rubens que j'ai vues dans les Flandres, en France, en Angleterre, en Italie, en Espagne, je n'en connais pas de supérieure à cette simple réunion de portraits. Cependant Rubens ne mit que dix-sept jours à la peindre. C'était quinze ans avant sa mort, arrivée en 1640. » L. VIARDOT. *Les Musées de Belgique.*

jusqu'au paysage qu'il n'ait trop animé par la mise en scène. Ainsi, chez lui, la nature est toujours aux prises avec l'orage ou la tempête; il parvient sans cesse à altérer cette naïve et sublime simplicité dont Dieu l'a revêtu. Dans les nues, il jette un arc-en-ciel; sur la prairie, il précipite une cascade; dans la forêt, il chasse un coup de vent [1].

Comme l'a remarqué Reynolds, tout est en harmonie chez Rubens. « S'il eût été plus parfait, ses ouvrages n'auraient pas eu cette perfection d'ensemble qu'on y trouve. Par exemple, s'il avait mis plus de pureté et de correction dans le dessin, son manque de simplicité dans la composition, dans la couleur et dans le jet des draperies, nous frapperait davantage; » mais la richesse de sa composition et l'harmonie de sa palette éblouissent à tel point la vue, qu'on s'incline devant ses défauts comme devant ses beautés.

Il y a trois espèces d'harmonies : la première a

[1] Il existe de fort beaux paysages de Rubens : j'en ai vu un tout couvert de vaches que Sneyders seul aurait osé signer avec Rubens. Le grand peintre se faisant paysagiste cherchait toujours à animer la nature par quelque idylle flamande, comme une

pour exemple *la Transfiguration*; c'est la manière romaine; les couleurs en sont fortes et fières. La seconde est la manière hollandaise ; elle est produite par la rupture des couleurs [1]. Avant les Hollandais, les Bolonais ont tenté cette manière sans arriver à toute sa magie. Chez les Hollandais, Steen surtout *cachait sa palette,* semblable au grand écrivain qui ne détourne jamais l'attention du sujet pour l'attirer sur lui-même. La troisième manière a pour exemple les Vénitiens et les Anversois. C'est l'alliance des couleurs fières et tendres dans un ensemble éclatant. Rubens est le vrai représentant de cette manière.

Il peignait d'un seul coup, en traits de feu; de là le charme tout virginal de son coloris. Il savait trop bien qu'il perdrait cette magie en fatiguant ses couleurs.

Quoique le génie de Rubens fût surtout dans sa palette, il avait l'art de *cacher sa palette,* comme

fenaison troublée par l'orage, une forêt pendant la chasse, des pêcheurs sur le lac. Les deux grands paysages du palais Pitti sont des chefs-d'œuvre où il a imprimé l'art et la vie.

[1] Expression des anciens. « On les rompt jusqu'à ce qu'il y ait une harmonie générale dans les tons, sans qu'on y remarque rien qui rappelle la palette du peintre. » REYNOLDS.

Corrége, Titien, Véronèse, Tintoret, et tous les maîtres du coloris. Quelle fraîcheur de ton ! quel éclat ! quelle énergie ! C'est le rayon qui joue sur la rosée. Rubens est toujours harmonieux comme un bouquet de fleurs dans ses bouquets de chairs [1] ; il allie merveilleusement les couleurs fières aux couleurs tendres. Il a l'art de les distribuer, de les fondre et de les rendre amies.

Rubens est une des plus puissantes individualités qui aient marqué dans les arts. Sa grande figure est empreinte du caractère olympien [2]. Non seulement il a régné souverainement dans les Flandres, mais il a partagé la couronne des plus radieux artistes. Il a quelquefois saisi la grâce adorable de Raphaël et la grandiosité de Michel-Ange, l'énergie robuste de Titien et la suavité du Corrége Il a lutté avec la nature et n'a pas été

---

[1] Ses chairs, on l'a dit, ressemblent à la couleur vermeille des doigts de la main quand on les tient vers le soleil.

[2] « Il a créé près de deux mille ouvrages, tableaux, dessins et gravures ; il parlait sept langues, la latine, la française, l'espagnole, l'italienne, l'allemande, l'anglaise et la flamande ; il a produit un livre sur l'architecture et enrichi cet art d'un style nouveau ; il a écrit un traité des couleurs avec des observations savantes sur la perspective, sur l'optique et sur l'anatomie. » *Les Belges illustres.*

vaincu par elle. Rien n'arrêtait ce fier et vaillant pinceau, qui passait, victorieux toujours, de l'allégorie au bouquet de fleurs, de l'histoire sacrée à la kermesse, du portrait au paysage [1].

C'est surtout dans *la Montée au Calvaire*, dans les grandes pages allégoriques, dans *l'Adoration des Mages* [2], que le génie de Rubens éclate jusqu'à la

---

[1] Quelques critiques préfèrent *l'Adoration des Mages*, même à *l'Assomption de la Vierge* et à la *Descente de croix*. « La Vierge est à droite, tournée vers la gauche, où se tiennent les mages. Il y a un de ces mages qui dépasse toute imagination, et je n'ai jamais vu dans aucun tableau une figure si étrange et si majestueuse. Il est debout, le corps de profil, la tête presque de face et un peu inclinée. Il est enveloppé d'un manteau écarlate, couleur de fournaise, avec quelques étoiles d'or. L'étoffe de cette draperie est épaisse et lourde, et fait quelques grands plis sévères. Un des pans traîne sur le sol, mais on voit cependant les jambes nues du colosse et les pieds aux vigoureuses articulations, chaussés de sandales nouées à la cheville par des cothurnes. La tête est effrayante, un crâne nu et ferme comme le roc; sous la caverne des sourcils, qui s'avancent comme des broussailles au bord d'un précipice, un regard perçant et inflexible; un nez d'aigle et une cascade de barbe blanche qui bouillonne jusque sur sa poitrine. Oh! le beau Jupiter Olympien pour ébranler le monde à la seule ride de son front! Le Moïse de Michel-Ange n'est pas si terrible que le mage de Rubens. » T. THORÉ.

[2] Voici ce que Winkelmann a trouvé de plus éloquent sur Rubens :

« Rubens, comme Homère, a créé des tableaux d'après les conceptions de son génie fertile et inépuisable. Il est riche

fureur. Quelle force orgueilleuse ! quelle sublimité ! quelle splendeur et quelle magnificence !
La *Descente de croix*, ce chef-d'œuvre où l'on va
comme à un pèlerinage d'art de tous les coins du
globe, est la page où Rubens a fondu plus harmonieusement toutes les richesses de sa palette, toute
la fierté de sa main, tout le sentiment de son
âme. Cependant il est des œuvres où Rubens a un
caractère plus véhément, où il est plus altier, où
il est plus dédaigneux de toute influence. Dans la
Descente de croix on retrouve un peu le souvenir
des grands maîtres ; il y a l'alliance du génie
flamand et italien. Hâtons-nous de dire que là
non plus que dans ses autres tableaux Rubens
n'est pas imitateur, mais il est contenu par les
grands exemples et modère l'impétuosité de son
génie.

jusqu'à la prodigalité. Il a, comme le poëte grec, cherché le
merveilleux dans la partie poétique et pittoresque de son art en
général comme dans la composition et le clair-obscur en parti-
culier. Il a su placer ses figures dans des jours distribués d'une
manière nouvelle et inconnue avant lui, et ces jours, rassemblés
sur la principale masse du tableau, y sont poussés à un plus
haut degré de force que dans la nature, ce qui répand beaucoup
de vie sur ces ouvrages. »

Parmi les plus admirables pages de ce génie
enivré de sa force comme la forêt est enivrée de
sa sève au printemps, il faut saluer un *Christ des-
cendu de la Croix* dans la cathédrale d'Anvers ;
jamais on n'a été plus expressif et plus doulou-
reux, jamais cette page sublime du poëme de
la Passion n'a été traduite par un art plus divin ;
la Vierge n'est plus une femme, c'est la mère de
Dieu ; Jésus n'est plus un homme, c'est le fils de
Dieu. Quoique la couleur éclate sur cette toile
comme dans toutes les œuvres de Rubens, elle
n'y étouffe pas la ligne et le sentiment. Rubens
est là tout entier. Et là du moins on sent bien que
la main profane d'un élève n'est pas venue refroidir l'inspiration du maître.

Au palais Pitti, un des tableaux qui m'ont le
plus frappé est la célèbre allégorie, Mars partant pour la guerre. Rubens donne ainsi l'ex-
plication de son œuvre dans une de ses lettres :
« Le principal personnage est Mars, qui sort du
temple de Janus. Le dieu des combats, armé de
l'épée sanglante et du bouclier, menace les peuples des plus grands désastres ; il résiste aux in-
stances de Vénus qui, accompagnée des Amours,

s'efforce de le retenir par de tendres caresses. La furie Alecto, le flambeau à la main, entraîne Mars aux combats; elle est précédée de deux monstres, qui désignent la peste et la famine, compagnes inséparables de la guerre, etc. » Mais la prose du peintre n'a pas l'éloquence de sa palette; Homère seul était digne d'expliquer ce tableau qui vous attire et vous épouvante, où l'on entend les bruits de la guerre, où l'on voit les palpitations du beau sein de Vénus. C'est l'art, c'est la vie.

Ce grand génie, qui voulait être le dernier mot de l'Italie et de la Flandre, a un peu abusé de ses forces; il a pris quelquefois la fureur pour l'inspiration ou la verve. Dans sa fougueuse énergie, il a çà et là dépassé le but, car tout ce tumulte, tout ce fracas, toutes ces splendeurs, frappent souvent plus les yeux que la pensée. Ne s'adressent-elles pas aussi à quelques-unes des œuvres de Rubens, ces paroles de Shakespeare : « Une fable contée par un fou, pleine de redondances et de grands mots [1] ? » Avec un peu

---

[1] « A tale told by an idiot, full of sound and fury, signifying nothing. »

moins d'éclat et un peu plus de poétique grandeur, qu'eût-il manqué à Rubens? Au lieu d'adorer à Venise le style un peu théâtral des coloristes, que n'a-t-il adoré à Rome la ligne éloquente des dessinateurs?

Comme Michel-Ange, Rubens fut le peintre du mouvement; il aimait le mouvement jusqu'au désordre : aussi ses attitudes sont-elles un peu outrées dans leur énergie. La chaleur et l'enthousiasme l'entraînaient trop loin, même dans la peinture héroïque, hormis pourtant dans ces admirables chefs-d'œuvre, *la Chute des anges rebelles* et *le Combat des Amazones*. Ses hommes sont toujours des hommes par la force et par la grandeur; mais, dans sa manière trop large et trop puissante, les femmes qu'il crée ne sont plus assez des femmes.

Rubens a dignement lutté avec Michel-Ange dans son *Jugement dernier*; il n'atteint pas à la sauvage mélancolie ni à la science de dessin du peintre de la chapelle Sixtine; mais Rubens, avec la poésie du symbole, avec toute la magie du clair-obscur et toutes les pompes du coloris, s'élève à la hauteur de Michel-Ange.

3.

Le caractère du génie humain est d'étonner par des beautés et non pas d'être sans défaut. Saluons sans critique celui qui, comme Dieu, créait son monde en six jours. Il avait la rapidité de la foudre, non pour détruire, mais pour répandre la vie dans ses tableaux[1]. Saluons Rubens, inclinons-nous devant son sceptre, car celui-là fut un roi, le roi glorieux des Flandres. Quel est celui qui, en s'élevant sur son trône, pourrait atteindre à sa taille?

Rubens, l'œil enivré de couleur, n'a rien compris au contour pur, si correct et si expressif,

[1] C'était la vie qui faisait battre son cœur plutôt que sa vie qui entraînait son imagination; aussi ses hyperboles habitaient toujours la terre. « Un certain accent humain semble être nécessaire pour donner l'apparence de la vie. La représentation de nos pareils dans *le Jugement dernier* de Michel-Ange, ou dans *la Chute des Damnés* de Rubens, nous inspire plus d'horreur que si ces êtres étaient peints sous les formes imaginaires que Milton leur prête. Dans les régions de la fiction et de l'allégorie, cette vérité de représentation est d'autant plus essentielle, qu'elle porte les images à l'esprit avec plus de force; par exemple, les satyres, les Silènes et les faunes de Rubens semblent avoir existé en effet, tellement ils paraissent être vrais en tout ce qui constitue les passions sensuelles, effrénées et mauvaises de la nature humaine quand elle est privée d'intelligence. » VAN GEEL.

d'Euphanor [1], à cette ligne sévère, idéal du sculpteur antique retrouvé par Raphaël. Ce qui a frappé
Rubens , c'est l'éclat et la grandiosité. Comme
Michel-Ange, il a oublié que les Grâces ne sont
pas des Amazones. Mais qu'importe, s'il est arrivé
victorieusement jusqu'au sommet de l'art? Tout
en négligeant trop les leçons des maîtres de l'antiquité, il a saisi à la nature des beautés qu'eux-
mêmes n'avaient pas découvertes. Le génie n'est-
il pas souvent le don de voir l'œuvre de Dieu
sous un aspect nouveau?

[1] Euphanor représentait à la fois dans Päris le juge des
deesses, l'amant d'Hélène, le vainqueur d'Achille, sans les
ressources d'un beau coloris, avec la ligne seule, qui est une
langue complète.

IX.

ÉCOLE DE RUBENS.

I.

VAN DYCK.

Le temps, qui dévore tout, n'a pas atteint
l'œuvre de Van Dyck ; ses portraits ont conservé
toute leur lumière et toute leur fraîcheur ; peut-
être même le temps a-t-il répandu sur ces toiles
immortelles cette harmonieuse poussière, cette
magique trame qui donne aux vieilles peintures
l'aspect mystérieux d'œuvres consacrées où l'on ne
reconnaîtrait pas la main des hommes.

L'école flamande s'était condamnée, par son principe, à descendre toujours de l'idéal au réel, de la poésie à la vérité. Si cette tendance fut fatale aux grandes pages produites à Bruges, à Anvers et à Bruxelles, ne peut-on pas affirmer qu'elle fut favorable à l'œuvre de Van Dyck? En effet, si le naturalisme doit régner en toute force et en toute liberté, n'est-ce pas dans le portrait, pourvu que le peintre sache, comme Van Dyck, y répandre la lumière du ciel et la lumière de l'intelligence?

Les portraits sont la plus fidèle page de l'histoire; pour étudier les caractères et les passions d'une époque, je conseillerais plutôt une galerie de portraits qu'une bibliothèque; depuis trois à quatre siècles, il s'est créé peu à peu avec la lenteur du génie une galerie de portraits où l'on retrouve toutes les grandes physionomies qui ont dominé le monde chrétien. Le peintre a pu se tromper, mais il est plus fidèle encore que le plus fidèle historien. Si cette tête qu'il vous montre est celle d'un roi quelconque, roi par la bravoure, le génie, la naissance ou l'esprit, vous verrez peu à peu briller sur son front ou dans son regard l'auréole de cette royauté. L'âme de tout homme fort passe sans

cesse sur sa figure ; il a beau faire pour la masquer,
elle se fait jour çà et là à son insu. Mais, pour saisir
cette âme au passage, pour la fixer sur la toile par
la magie de la couleur, il ne faut rien moins qu'un
peintre de premier ordre, Titien, Van Dyck ou
Rembrandt, qui ait dans sa touche le don de la
création. Pour un pareil créateur de l'école de
Dieu, que de portraitistes inintelligents qui copient
l'enveloppe matérielle sans souci de la pensée
qui habite le front !

Antoine Van Dyck, originaire de Bois-le-Duc,
naquit à Anvers en la dernière année du xvie siècle. Selon Houbraeken, son père était peintre sur
verre et sa mère excellait à broder au petit point.
Déjà la peinture sur verre était en pleine décadence, on n'élevait plus de cathédrales, le protestantisme ruinait l'art gothique ; sans doute l'art
de broder au petit point contribua plus à élever Van
Dyck que l'art déjà perdu du peintre-verrier. Van
Dyck eut d'abord son père pour maître ; mais celui-ci, reconnaissant bientôt qu'on ne pouvait faire
un peintre sur toile avec les principes de la peinture sur verre, conduisit son fils chez Van Balen,
qui était son ami.

Van Balen avait fait le voyage de Rome et de Venise; il avait étudié toutes les traditions; il était savant artiste autant que bon peintre. Un disciple intelligent comme Van Dyck pouvait sortir de son atelier avec un talent achevé. Mais Van Dyck avait vu des tableaux de Rubens; à ses yeux, Van Balen était un peintre digne de renommée, mais Rubens était le roi de la peinture. Il alla frapper à sa porte : « Qui va là? — Un enfant qui comprend votre génie. » Rubens reconnut le même jour que c'était un enfant de génie. Il ne tarda pas à le faire peindre dans ses tableaux. Il arriva même que Van Dyck peignit de grandes pages signées Rubens, quoique le maître y eût à peine donné quelques touches. Dans l'illustre *Descente de croix*, la joue et le menton de la Vierge sont de la main de Van Dyck; mais ici Rubens n'avait pas songé à se servir du talent de son élève. Voici l'anecdote, qui appartient à l'histoire de l'art. Rubens sortait tous les jours vers quatre heures pour se promener à pied ou à cheval. Son domestique le trahissait, comme cela arrive toujours, c'est-à-dire que, moyennant un tribut annuel, il ouvrait la porte du cabinet de Rubens à tous ses disciples, qui étudiaient dans un atelier du voisinage. Ils allaient ainsi prendre une bonne leçon, car ils voyaient, par les ébauches, comment ce fier génie se mettait à l'œuvre. Depuis longtemps ils n'avaient pas pénétré dans le cabinet; cependant ils savaient que Rubens avait promis un chef-d'œuvre pour Notre-Dame d'Anvers. Un soir, la curiosité fut plus vive et plus bruyante que de coutume. Jordaens et Diepenbecke se précipitèrent en avant, poussés par les autres, dès que la porte du cabinet fut ouverte. On voit par là que les écoles de peinture avaient, comme aujourd'hui, toutes les folies de la jeunesse. Diepenbecke ne put s'arrêter à temps; il tomba sur la Vierge, lui enlevant le bras, la joue et le menton. Tout le monde se regarda avec terreur. On voulait fuir, car Rubens avait la colère d'un Jupiter olympien. Van Hoeck prit la parole : « Mes chers camarades, il faut, sans perdre de temps, risquer le tout pour le tout; nous avons encore environ trois heures de jour, que le plus digne entre nous (ce n'est pas moi) prenne la palette et essaie de réparer ce qui est effacé. Je donne ma voix à Van Dyck. » Ainsi parla Van Hoeck. Van Dyck eut toutes les voix, moins la sienne.

Cependant, soit pour obéir à ses amis, soit par pressentiment du triomphe, il se mit héroïquement à l'œuvre. Le lendemain, Rubens convia tout l'atelier au spectacle de sa *Descente de croix*. Pas un de ses élèves ne le suivit sans pâlir ; Van Dyck était tout défaillant. Rubens parlait de son génie avec un naïf orgueil ; il expliqua à ses disciples toutes les beautés de l'œuvre nouvelle. Arrivé à la Vierge : « Voilà, dit-il tout à coup, un bras et une tête qui ne sont pas ce que j'ai fait hier de moins bien. » Rubens apprit, on ne dit pas comment, ce qui s'était passé. Il y a ici deux versions : selon les uns, il effaça tout et ordonna à Van Dyck de voyager ; selon les autres, il respecta les coups de pinceau de Van Dyck et lui dit qu'il était le vice-roi de la peinture flamande. On peut bien admettre, pour l'amour de la vérité, que Rubens fut jaloux de Van Dyck ; tous les dominateurs dans les arts ont été jaloux ; mais on n'admettra jamais qu'un homme d'esprit comme Rubens, un diplomate achevé, ait laissé percer sa jalousie par la vengeance.

S'il faut en croire les conteurs d'anecdotes, Rubens était jaloux de Van Dyck pour une autre raison. Ils assurent que le jeune peintre était aimé d'Isabelle Brandt. Van Dyck, sans avoir la beauté adorée par les Grecs, avait peut-être, avec sa physionomie fière et tendre, chevaleresque et amoureuse, la beauté idéale de son pays et de son siècle ; car, il faut le dire, la beauté change de caractère selon les siècles ou les pays [1]. Comme ces passions-là ne sont écrites que sur le vent ou peintes sur les flots, on ne peut rien affirmer ici, mais on ne peut pas nier non plus. Ce qui est hors de doute, c'est que Van Dyck quitta son maître vers ce temps-là ; leurs adieux furent ceux de deux frères d'armes, et non de deux ennemis. Van Dyck offrit à Rubens, comme marque de haute et profonde reconnaissance, ses tableaux qu'il aimait le plus, un *Ecce Homo*, un *Christ au jardin des Oliviers* et un portrait d'Isabelle Brandt. Peut-être ce portrait fut-il fait avec passion ; mais

[1] En France, le beau idéal des raffinés ne ressemblait guère au beau idéal de la cour de Louis XIV. Quelle distance entre Rotrou et Racine, qui tous deux ont été jugés beaux ! Quel rapport existe-t-il entre les jolis coureurs de ruelles de 1740 et les pâles rêveurs de 1840 ? Le masque se modifie selon les passions d'une époque ; aussi, au xviiie siècle, on avait Vanloo et La Tour ; aujourd'hui nous avons Delacroix et Scheffer.

ce qui donna peu de créance au bruit déjà répandu que Van Dyck adorait Isabelle, c'est que Rubens plaça lui-même ce portrait dans son salon et le montra comme un chef-d'œuvre à tous les visiteurs comme à tous ses amis. « Si vous n'alliez pas voyager, dit Rubens à Van Dyck, je vous conduirais dans mon cabinet et je vous dirais : Choisissez. Mais à quoi bon vous donner des tableaux, puisque vous allez en Italie, le pays des chefs-d'œuvre; j'aime mieux vous offrir le meilleur cheval de mon écurie. » Van Dyck partit; son père, sa mère et cent amis le conduisirent sur la route. Quoique son cheval fût impatient de dévorer l'espace, il se retournait à toute seconde pour voir les derniers signes d'adieu de sa mère, qui avait voulu aller plus loin que ses amis. Enfin il ne vit plus que la flèche de la cathédrale d'Anvers. « Moi aussi, dit-il avec un saint enthousiasme, je ferai un jour ma *Descente de croix*. »

Il s'arrêta à peine à Bruxelles; il quitta un matin la cité des archiducs, par un beau soleil de juillet. A peine eut-il fait deux lieues que, voyant un village, il y fit halte pour boire une pinte de bière. Il remonta à cheval, mais la destinée l'attendait là. Une jeune fille, une paysanne, plus fraîche, plus blanche et plus rose que toutes ses visions de vingt ans, apparaît sur le seuil du cabaret et lui dit, avec un sourire qui montrait des dents blanches comme celles d'un jeune loup : « Et le coup de l'étrier, monseigneur? » Van Dyck retient la bride de son fougueux compagnon de voyage. « Le coup de l'étrier? dit-il; je ne partirai pas. » Il mit pied à terre pour admirer de plus près cette naïve beauté, si éclatante et si inattendue, qui devait être son troisième maître. Elle était presque vêtue de l'air du temps; elle allait pieds nus, jupe courte, brassière mal agrafée, cheveux au vent, gorge au soleil. Van Dyck rentra au cabaret. « Où alliez-vous, monseigneur? — En Italie; mais, si vous voulez, je n'irai pas si loin. » En effet, qu'allait-il faire en Italie? Voir les femmes de Raphaël et de Titien. Sont-elles donc plus belles que ne l'était cette meunière de Saventhem? Dans la vie et dans le talent de Van Dyck, le cœur devait jouer un plus grand rôle que la tête. Toute paysanne qu'elle fût, cette meunière de Saventhem réalisait l'idéal de Van Dyck. Puisqu'il avait trouvé son idéal, il ne voulait pas quitter le pays. Il s'installa bravement dans la famille de sa maîtresse. Ainsi Van Dyck, déjà célèbre, habitué aux belles manières, né avec l'instinct des grandeurs, se contenta pour atelier de quelque hangar rustique à l'ombre d'un moulin, comme plus tard Rembrandt.

Sa maîtresse, voulant se faire pardonner là-haut leurs joies amoureuses, le pria de peindre pour l'église paroissiale deux tableaux religieux. Sans doute la passion de Van Dyck était sérieuse, puisqu'il obéit à sa maîtresse. Tout autre à sa place se fût contenté de peindre deux fois la belle meunière, une fois pour elle et une fois pour lui, après quoi il eût continué sa route en riant de l'aventure; mais Van Dyck était aussi fervent amoureux que fervent artiste. Il peignit les deux tableaux pour l'église de Saventhem. Le premier représentait *Saint Martin donnant la moitié de son manteau aux pauvres*. Le saint Martin était Van Dyck. Comme il s'était représenté à cheval, il avait peint son compagnon de voyage, qui, quoique pâturant comme un vrai cheval de meunier, n'avait rien perdu de ses allures héroïques. Dans le second tableau, *la Famille de la Vierge*, il représenta le vieux meunier, la vieille meunière et leur fille. « Tous ceux qui ont vu ce tableau assurent que la paysanne y justifie assez, par sa beauté, les attentions du jeune peintre. » C'est Descamps qui parle ainsi [1].

Cependant le bruit s'était répandu de Saventhem jusqu'à Bruxelles, de Bruxelles jusqu'à Anvers, qu'un jeune peintre partant pour Rome s'était arrêté en route pour les beaux yeux d'une meunière de vingt ans qui lui inspirait des chefs-d'œuvre. Rubens crut reconnaître Van Dyck; il se mit en route pour Saventhem. A son arrivée, il entendit hennir le cheval qu'il avait donné à son disciple. Il surprit Van Dyck sur les marches du moulin, nonchalamment couché aux pieds de sa maîtresse. « Je croyais, lui dit-il en souriant, que vous vous seriez désormais passé de maître? » Van Dyck s'était déjà jeté au cou de Rubens. « Et Rome, et Venise, et Raphaël, et Titien, et Michel-Ange, et Véronèse? — Je partirai demain, » ré-

---

[1] *La Famille de la Vierge* a disparu depuis plus d'un siècle de l'église de Saventhem; le *Saint Martin* avait disparu aussi en faveur du Louvre; mais, en 1815, Saventhem a revu son chef-d'œuvre.

pondit Van Dyck avec un soudain enthousiasme.
Il partit. Ce roman de sa vie se dénoue à cette
page. Ses historiens ne disent pas s'il se consola
bientôt. Que devint la jolie meunière, sa plus
fraîche inspiration? Un autre vint-il essuyer ses
larmes? Elle était faite pour aimer beaucoup : elle
se consola.

Van Dyck alla droit à Venise; il étudia avec
passion les tons lumineux, les airs de tête et les
draperies de Titien et de Véronèse, mais sans
perdre de vue la nature; il corrigeait la vérité
par l'art, sans jamais étouffer la vérité sous les
ornements. De Venise il alla à Gênes, où il s'arrêta longtemps. De Gênes il alla à Rome, où le
cardinal de Bentivoglio l'avait appelé pour son
portrait. Il y avait alors à Rome une colonie de
peintres flamands qui avaient abdiqué leur génie
primitif, c'est-à-dire la sève, l'éclat et l'exubérance, pour copier servilement les maîtres italiens. Van Dyck croyait d'abord trouver des amis
parmi ses compatriotes; mais tous le décrièrent
avec violence, quand ils reconnurent dans ses
portraits la touche hardie et lumineuse de Rubens.
Ils ne voulaient pas admettre, ces Flamands ita-

lianisés qui avaient renié le génie national pour l'imitation servile, qu'un peintre flamand nourri aux principes robustes de l'école flamande arrivât à Rome avec un talent qui pût faire ombre au leur. Peut-être Van Dyck se fût-il fait pardonner, s'il eût consenti à mener en leur compagnie la vie folle et désordonnée des cabarets et des lupanars ; mais il avait pris à l'école de Rubens de plus nobles habitudes. La colonie flamande organisa contre lui une cabale si puissante, qu'il abandonna presque à son arrivée la cité éternelle. Il passa en Sicile, où il fit, entre autres portraits, celui de Philibert de Savoie ; de Palerme il retourna à Gênes ; enfin, de Gênes il revint à Anvers, où il retrouva des Flamands plus Flamands que ceux de Rome. Seul, après Rubens, il vit inscrire son nom en majestueux caractères sur les tables de la corporation de Saint-Luc.

Cependant, malgré les témoignages de Rubens, il lui fallut longtemps encore lutter avec passion pour faire connaître son génie. Les chanoines de Courtray lui demandèrent un tableau d'autel. Van Dyck peignit un *Christ en croix* d'un grand style et d'un beau caractère. Il appela les chanoines quand son tableau fut dans l'église, comptant sur leur admiration. Quelle ne fut pas sa surprise, quand il vit le chapitre tout entier regarder le tableau et le peintre avec mépris : « Quel barbouillage ! quel barbouilleur ! » Van Dyck voulut défendre son tableau ; mais les chanoines prirent tous en même temps la parole. Il résulta de toute leur éloquence que *le Christ en croix* n'était qu'une ignoble mascarade. « Van Dyck resta seul avec un menuisier et quelques sacristains ; ces hommes crurent le consoler, en lui conseillant d'emporter son tableau et en l'assurant que tout ne serait pas perdu, que sa toile pouvait être employée à faire des paravents. » Van Dyck, qui connaissait sa force, ne se rebuta point ; il ordonna fièrement au menuisier de placer son tableau. Le lendemain, il retourna chez les chanoines et leur dit qu'ils avaient mal vu son Christ. Tous lui répondirent qu'ils ne voulaient pas le voir une seconde fois ; ils le payèrent pour éviter le scandale, mais ce fut avec tant de mauvaise grâce, que l'artiste en fut profondément indigné. Cependant quelques connaisseurs, passant par Courtray, dirent hautement que *le Christ en croix* de Van Dyck était un chef-d'œuvre. Le bruit s'en répandit de proche en proche ; on vint en foule l'admirer : alors Van Dyck publia l'aventure. On traita d'ignorants les chanoines, « épithète trop modérée, » dit le naïf Descamps entre parenthèse. Les chanoines convoquèrent un chapitre, dans le dessein de réparer leur tort. Séance tenante, ils écrivirent à Van Dyck pour le prier de leur peindre d'autres tableaux. Van Dyck leur répondit : « Vous avez assez de barbouilleurs dans Courtray et aux environs ; pour moi, j'ai pris la résolution de ne peindre désormais que pour des hommes, et non pour des ânes. » On prétend, ajoute le naïf Descamps, que ce dernier mot « formalisa un peu le chapitre. » Du reste, Van Dyck n'eut jamais à se louer des communautés religieuses. Il avait peint un *Saint Augustin* pour les augustins d'Anvers ; quand il s'agit de le payer, ils lui déclarèrent qu'il avait mal habillé leur saint, qu'ils le voulaient vêtu de noir et non vêtu de blanc. Van Dyck, dans l'espoir d'être payé, changea l'habit du saint ; mais les religieux lui dirent alors qu'ils n'avaient pas d'argent. « Cependant, hasarda timidement l'un d'eux, si vous

nous donniez un Christ de votre main, nous trou-
verions de quoi vous payer le *Saint Augustin*. »
Quoique indigné de tant de mauvaise foi, Van
Dyck leur donna le Christ pour être payé du
saint.

Selon Houbracken, Rubens offrit alors sa fille
aînée à Van Dyck. Van Dyck refusa la fille, parce
qu'il aimait encore passionnément la mère. L'imagination des conteurs d'anecdotes est sans doute
pour beaucoup dans cette histoire. Van Dyck ne
fit guère qu'une halte à Anvers : Rubens y prenait
trop de place au soleil des autres. Il partit pour
La Haye, où le prince d'Orange, Frédéric de
Nassau, ne le paya pas en monnaie de religieux.
Il fut logé à la cour et y peignit plus de vingt
portraits de princes, de ducs, d'ambassadeurs.
De La Haye il passa en Angleterre et d'Angleterre en France, plus tourmenté alors par l'amour
du gain que par l'amour de l'art. Mais il était
écrit que mille obstacles se jetteraient d'abord
sous la roue de sa fortune ; à Londres et à Paris,
il passa comme un inconnu, sans rencontrer personne qui se souciât de son talent. Il fut forcé, le
croira-t-on? de revenir à Anvers peindre encore

pour les religieux. Heureusement que l'ordre des Capucins lui fut plus hospitalier que l'ordre des Augustins.

Les mauvais jours allaient cependant finir pour lui. A peine avait-il quitté l'Angleterre que plusieurs des portraits qu'il avait peints à la cour du prince d'Orange passèrent à la cour de Londres. Charles Ier s'enthousiasma du beau caractère des portraits de Van Dyck ; il voulut l'attirer à sa cour. Mais Van Dyck, n'oubliant pas que la Grande-Bretagne lui avait été inhospitalière à son premier voyage, jura de n'y jamais retourner. Cependant le chevalier Digby l'emmena malgré lui à Londres et le présenta au roi. Charles Ier l'accueillit avec autant de bonne grâce et de déférence que si c'eût été Rubens. Il lui donna son portrait, garni de diamants, suspendu à une chaîne d'or. Van Dyck passa respectueusement la chaîne à son cou. Charles Ier le créa ensuite chevalier du Bain ; et, voulant que l'Angleterre fût sa seconde patrie, il lui assura une pension considérable et lui donna deux logements, un d'hiver et un d'été. Il lui dit que toute sa cour se ferait peindre par lui et taxa lui-même le prix des portraits : cent livres sterling pour les portraits en pied et cinquante livres sterling pour les portraits à mi-corps.

Ce fut le bon temps de sa vie. Comme Rubens, il eut une royauté, la plus haute et la plus douce, celle de perpétuer l'œuvre de Dieu. Les plus belles femmes de la Grande-Bretagne venaient, comme à une fête, poser devant sa palette, toute chargée pour elles de roses immortelles. Les blondes chevelures se répandaient pour lui en gerbes ruisselantes ; les fraîches épaules, plus blanches que la cime des Alpes, se découvraient devant son pinceau. Comme le maréchal de Richelieu, il pouvait se dire un peu le mari de toutes les femmes. Quand la belle princesse de Brignolles, à moitié nue, posait si complaisamment dans son atelier, quand Dyck peignait d'une main toute agitée cette gorge éblouissante, qui était le chef-d'œuvre de la nature, ne pensait-il pas que le grand maître avait créé cette gorge pour lui ?

Van Dyck vécut en familiarité intime avec Charles Ier. Il était insatiable ; il coûtait au roi plus cher qu'un premier ministre. Un jour que Charles Ier posait devant le peintre (peut-être pour cet admirable portrait que la gravure a immortalisé), le roi, qui venait de parler au duc de Norfolk du mauvais état de ses finances, se tourna vers Van Dyck et lui dit en riant : « Et vous, chevalier, savez-vous ce que c'est que d'avoir besoin de cinq ou six mille guinées ? — Oui, oui, sire; un artiste qui tient table ouverte à ses amis et bourse ouverte à ses maîtresses ne sent que trop souvent le vide de son coffre-fort [1]. » Van Dyck s'était jeté dans d'effroyables dépenses; il enrichissait ses maîtresses et ses domestiques, mais il ruinait peu à peu son talent et sa santé. Dans ses fureurs de luxe, il ne fit point bâtir un palais comme Rubens, il fit bâtir un laboratoire, car il était tombé dans le prestige des alchimistes : tout l'or qu'il avait créé comme par magie avec son pinceau, il le vit s'évaporer par le creuset.

[1] La reine Marguerite de Bourbon, fille de Henri IV, posait un jour devant lui. Comme il s'arrêtait longtemps aux mains de la princesse (il excellait à peindre les extrémités), elle lui demanda d'un air enjoué pourquoi il caressait plus ses mains que sa tête : « Madame, c'est que j'espère de ces belles mains une récompense digne de celle qui les porte. » Descamps cite cette réponse comme une réponse heureuse. Nous espérons, pour l'honneur de Van Dyck, que c'est encore là une anecdote

C'était son ami, le duc de Buckingham, qui l'avait entraîné à la folie du grand-œuvre. L'orgueilleux favori de Charles Ier, voyant qu'il avait presque ruiné Van Dyck, voulut réparer ses torts, d'ailleurs involontaires. Il l'arracha à ses maîtresses et le maria à la fille de lord Ruthven, seigneur écossais. C'était une des plus belles femmes de l'Angleterre, mais elle ne lui apporta en dot que son nom illustre et sa beauté déjà célèbre. Van Dyck, à peine marié, ramassa les débris de sa fortune et partit pour Anvers, espérant enfin y être accueilli avec enthousiasme. Mais décidément sa gloire n'était pas là. Une seconde fois il fit le voyage de Paris ; on lui avait dit qu'il y rétablirait sa fortune en peignant la galerie du Louvre, mais le Poussin était arrivé avant lui. Une seconde fois il quitta la France inhospitalière ; il retourna en Angleterre, mais c'en était fait de lui ; il avait abusé de ses forces : jeune encore, il n'avait plus

---

bâtie sur le vent. Un autre mot de Van Dyck prouverait un peu de sans-façon dans son caractère. On lui reprochait de peindre à quarante ans plus négligemment qu'à vingt : « Autrefois, répondit-il, j'ai travaillé pour ma renommée ; aujourd'hui je travaille pour ma fortune. »

ni sève ni courage. Il tomba malade et ne se releva point [1]. Sa femme lui avait donné une fille ; cette fille étant morte à deux ou trois ans, ce fut un dernier coup pour son cœur.

Il mourut, sans trop de regrets, à quarante-deux ans, avec la funèbre et sainte espérance d'aller reposer où déjà reposait sa fille, dans l'église Saint-Paul. Marie Ruthven se remaria, mais ne lui survécut guère.

Van Dyck n'a été que le Virgile de Rubens : moins de génie et plus de charme, moins de grandiosité et plus de noblesse, moins enthousiaste et plus parfait. Il faut dire qu'il est mort jeune et qu'il a jeté sa vie à l'aventure, toujours amoureux, partant toujours fou. Du reste, n'était le parti pris de toujours mettre l'élève à l'ombre du maître, on aurait souvent pour Van Dyck, devant ses grandes compositions, la même ferveur que pour Rubens. A ceux qui lui refusent le génie on peut répondre par son fameux tableau de *Saint Martin*, exécuté à vingt ans dans le pauvre village

---

[1] Le roi l'avait toujours beaucoup aimé, malgré sa soif de l'or et ses prodigalités ; pendant la maladie du peintre, il promit trois cents guinées à son médecin s'il guérissait Van Dyck.

de Saventhem, où il était seul, sans maître et sans tradition. Il a laissé en Italie des pages admirables qui ne pâlissent pas devant celles de Rubens, ni même devant celles de Titien.

Il avait, comme Rubens, la poésie de la couleur; son accent est moins vif, mais il est plus harmonieux encore; son clair-obscur est le triomphe de l'art, puisque l'art ne s'y montre pas. Ce qu'il faut surtout admirer en Van Dyck, c'est sa touche ferme, large et fondue, qui n'exclut pas un fini merveilleux. On comprend d'autant moins cette perfection, qu'il peignait une tête du premier coup et de la même palette. La plupart du temps, il commençait un portrait le matin, il retenait le modèle à dîner et terminait dans la soirée. On voit que ceux qui posaient ne s'ennuyaient pas chez lui. En effet, Van Dyck avait à sa disposition des comédiens, des jongleurs, des musiciens, des danseuses, tout ce qui fait du bruit, tout ce qui jette de l'éclat. En exagérant avec intelligence les ombres et les lumières, Van Dyck arrivait toujours à un effet grand et simple. Il ne prenait à la nature que ce que demande la vérité; il y ajoutait la pompe de l'art. Ses têtes ont un tel relief, un tel

degré de vie, qu'on oublie presque, en les voyant,
que ce sont des portraits.

Van Dyck, comme portraitiste, est à la hauteur
de Raphaël, d'Holbein, de Vélasquez et de Rembrandt[1]. La vie éclate dans tous ses portraits; il
saisissait la vérité au moment où l'âme rayonnait
sur la figure; de là cette fleur d'idéal, même dans
la précision. Du reste, quand l'âme ne parlait pas
sur la figure, Van Dyck faisait courir la sienne
au bout de son pinceau.

Van Dyck est peut-être le peintre qui a le plus
naïvement compris le beau idéal de son siècle;
ses portraits lumineux, frappés du reflet de cette
aube nouvelle qui se levait sur le monde, ont tous,
avec leur fierté chevaleresque et intelligente, un
accent de poésie espagnole et romanesque. On peut
dire aussi qu'ils rappellent les héros du Tasse, qui
sont plus amoureux que sanguinaires; tous sont
marqués d'un certain accent chevaleresque. On
sent que le roman de leur vie a traversé leur cœur.
Aussi les portraits de Van Dyck, outre qu'ils sont

[1] Joshué Reynolds, le grand portraitiste anglais, le salue
comme le premier peintre de portraits. Le marquis d'Argens le
salue comme le premier peintre du monde. Parmi les grands
portraitistes, il ne faut pas oublier Rigaud et Hals.

des chefs-d'œuvre, sont encore animés par leur air de tête. Ceux-là ont toujours une famille. Que de fois même un portrait d'aïeul a été décroché de la place d'honneur pour un portrait peint par Van Dyck !

Titien seul est peut-être supérieur à Van Dyck comme portraitiste; il est plus sévère et plus imposant. Il faut dire que Van Dyck ne peignait que des Flamands et des Anglais, tandis que Titien peignait des Italiens : si le peintre d'Anvers trouvait plus de motifs pour sa palette, le peintre de Venise trouvait naturellement plus de vigueur et plus de caractère.

Van Dyck, mieux inspiré que Rigaud, a eu le bon esprit de tout sacrifier à la tête. Cependant ses fonds, ses draperies, ses accessoires ne paraissent pas négligés. Quoique peintes avec beaucoup de sollicitude, les mains ne jouent que le second rôle. Van Dyck, il faut bien le dire, est venu dans un meilleur temps que Rigaud : au commencement du xviie siècle, le costume était dans toute sa richesse sévère; moins de cent ans après, la perruque de Louis XIV avait tout gâté; bien plus, le costume devenait si criard, que la figure n'était plus guère qu'un accessoire.

Si Van Dyck a eu beaucoup d'imitateurs, il a eu peu d'élèves. On ne cite guère, parmi ceux qui ont étudié dans son atelier, que Fouchier, de Berg-op-Zoom, qui imita tour à tour Van Dyck, Tintoret et Brauwer; Hanneman, de La Haye, qui avait saisi la touche de son maître après quatre ou cinq leçons seulement; Reyn, de Dunkerque, qui aidait le grand portraitiste dans les ajustements; Boek, de Delft, qui fut recherché dans toutes les cours d'Europe. Il avait une telle rapidité de pinceau, que Charles Ier, se faisant peindre par lui, s'écria : « Parbleu, Boek, je crois que vous peindriez à cheval et en courant la poste. »

Quoique Gonzalez Coques fût élève de David Rikaert, on peut dire que son vrai maître fut Van Dyck. Dans ses portraits, c'est la même élévation, le même goût et presque la même touche.

Lély (Pierre Van der Faes), né en 1618, mort en 1680, fut un des successeurs de Van Dyck dans les bonnes grâces de la cour d'Angleterre. Il avait comme Van Dyck une table de douze couverts et un concert de douze musiciens pendant ses repas. Mais il ne se ruina pas comme Van Dyck, « parce qu'il eut moins de maîtresses et qu'il ne donna pas dans les folies de l'alchimie. » Il est beaucoup moins riche dans la postérité; cependant Lely est un portraitiste d'un grand mérite, plein de tournure et d'éclat. Il a été tour à tour peintre ordinaire de Charles Iᵉʳ, de Cromwell et de Charles II. Il mourut subitement, empoisonné, dit un de ses historiens, par les succès de Kneller à la cour de Londres; empoisonné, dit un autre, avec plus de raison, par une méprise de son médecin.

Van Dyck ferme le cycle des grands peintres de son pays. La nature des Flandres s'est épuisée en enfants sublimes. Le génie, comme les épis d'or, ne s'élève du sol qu'après les jachères qui reposent et la rosée qui féconde. Le génie du Nord va s'exiler plus loin dans les brumes; il va fleurir à Leyde, à Harlem, à Amsterdam. L'école de Rubens se disperse et s'éteint peu à peu. Après cette moisson splendide, nous retrouvons çà et là quelques vertes pousses; après cette lumière éclatante, nous apercevons, sous la nuit qui tombe, les traces du soleil qui disparaît : le couchant conserve ses teintes de pourpre et de flamme, mais peu à peu on ne voit plus que des étoiles au ciel de l'art.

II.

GÉRARD SEGHERS.—SNAYERS.—VAN DER MEULEN.
VAN DER HORST. — SOUTMAN.
SAMUEL HOFMAN. — CORNILLE SCHUT.—VAN THULDEN.
DIEPENBEKE.—VAN HOECK.—VAN OOST.
WILDENS.—VAN UDEN.
LES QUILLYN. — PHILIPPE DE CHAMPAGNE.

Ce qui forme le caractère de l'école de Rubens, c'est la santé, c'est la force, c'est l'exubérance. Dans son atelier, les disciples sont taillés en Hercule, ils secouent leurs cheveux dorés comme un lion secoue sa crinière; un sang généreux coule dans leurs veines et les colore comme le vin qui va jaillir de la grappe empourprée.

Quelle belle, féconde et glorieuse époque pour Anvers, que le règne de Rubens! Cette ville, comme une mère heureuse, suspendait à son sein des enfants sublimes non seulement dans la peinture, mais encore dans la statuaire et dans la gravure. Lucas Vorsterman naissait à temps pour graver sous les yeux de Rubens *la Descente de croix*, *la Chute des anges rebelles* et le *Combat des Amazones*.

Reynolds rapporte ces paroles sur Rubens : « On a dit qu'il était envoyé du ciel pour apprendre aux hommes l'art de peindre. » Comme Raphaël, Rubens éveilla le génie de ses disciples par la hardiesse. Quand il les faisait peindre dans ses tableaux : « Allez, disait-il, c'est moi qui signerai. »

Gérard Seghers étudia d'abord sous Van Balen, ensuite d'après Manfredi et Caravage, enfin d'après Rubens. Il a eu l'art d'imiter ces maîtres en déguisant l'imitation. Sa manière est savante et large, son dessin correct indique assez son voyage en Italie, sa couleur chaude est vigoureusement soutenue par l'effet du clair-obscur. Parmi ses grandes pages religieuses on remarque *Notre-Seigneur attaché sur la croix*, dans la manière du Tintoret; *Saint Pierre reniant Jésus-Christ*, tableau éclairé aux flambeaux; enfin un chef-d'œuvre, *le Mariage de la Vierge*, composition immense, d'un grand éclat et d'un aspect imposant. Il vécut presque toujours à Anvers, où il était né en 1589, et il mourut en 1651, laissant un fils et un héritage qui dispensa l'héritier d'avoir du génie. Aussi ne devint-il qu'un peintre de troisième ordre.

Pierre Snayers, comme Gérard Seghers, eut pour maître Van Balen dans sa jeunesse, les Italiens pendant son voyage à Rome, enfin Rubens à son retour d'Italie. Il peignait avec un égal talent l'histoire, les batailles, le portrait et le paysage. Il travailla beaucoup pour la cour d'Espagne et pour l'archiduc Albert. Il eut pour amis Rubens et Van Dyck, il eut pour élève Van der Meulen [1], il mourut riche et considéré à juste titre. Né à Anvers en 1593, il peignait encore à Bruxelles en 1662. Sans doute il mourut vers cette époque, en cette dernière ville ; on n'a pas de ses tableaux après cette date.

Nicolas Van der Horst parcourut l'Allemagne, la France et l'Italie, non pour y étudier, mais pour y répandre la gloire de l'école d'Anvers. Il peignait

---

[1] Van der Meulen (1634-1693), l'Horace Vernet du xviie siècle, n'appartient à la Flandre que par la naissance. Bruxelles ne doit pas revendiquer celui qui, devenu historiographe de Louis XIV, l'accompagna dans ses faciles triomphes en Flandre pour immortaliser par la peinture les défaites de son pays. Callot le Lorrain disait à Louis XIII, qui venait de prendre Nancy et qui priait l'artiste de graver cette conquête : « Plutôt me couper la main. »

l'histoire et le portrait, comme tous ses condisciples à l'atelier de Rubens. Il se fixa à Bruxelles, où l'archiduc le prit dans sa garde. On publiait alors à Bruxelles des livres in-folio avec des portraits et des ornements; Horst, âpre au gain, abandonna les œuvres sérieuses pour des dessins et des gravures de livres; mais au moins le disciple de Rubens se retrouve encore dans quelques frontispices d'un grand style.

L'histoire passe trop rapide devant Pierre Soutman; il y avait alors tant de merveilleux artistes à Anvers, qu'il semblait tout naturel d'y être grand peintre. Quelques tableaux attribués à Soutman, entre autres une *Descente de croix* et un portrait de l'électeur de Brandebourg, montrent assez que ce peintre était le digne élève de Rubens. On ne sait rien de sa vie. Ampsing, historien de la ville de Harlem, dit qu'il voyagea en Allemagne. Il fut un de ceux qui portèrent au delà du Rhin les traditions de Rubens.

Samuel Hofman répandit aussi en Allemagne les idées de Rubens. Né à Zurich à la fin du xvie siècle, il avait quitté sa patrie pour venir à l'atelier du grand peintre. Il fut un de ceux que distingua

Rubens. D'Anvers il alla à Amsterdam, où il se maria et où il fut recherché pour son talent à peindre le portrait avec vérité et caractère. Il voulut comme tant d'autres être prophète dans son pays; il retourna à Zurich, où, grâce à la protection du duc de Milan bien plutôt qu'à l'autorité de son talent, il fut reconnu comme peintre de marque. Sa femme peignait dans ses tableaux. Elle lui avait donné deux filles qui avaient aussi l'instinct de l'art. A seize et dix-sept ans, elles peignaient des paysages, des tableaux de genre et des portraits, avec une touche fine et franche. Plus tard, ne trouvant plus de tableaux ni de portraits à faire dans son pays, il fut s'établir à Francfort, où il mourut subitement, frappé comme Rubens son maître d'un accès de goutte. Après sa mort, sa veuve et ses deux filles retournèrent à Amsterdam, où elles vécurent de leur talent.

Cornille Schut naquit à Anvers en 1590 et y mourut vers 1655. Il avait tous les instincts du peintre et du poëte. Il vint en France et y connut les poëtes de la pléiade. Ses inspirations ont plus d'une fois servi à Rubens. On pourrait dire que le maître fut l'élève, car, de son côté, Rubens n'a presque rien enseigné à Cornille Schut. C'était un merveilleux allégoriste. Toutes les figures idéales, toutes les créations pompeuses des vieux poëtes, il les évoquait comme par magie. Les grandes pages ne l'effrayaient pas ; il fallait à son génie l'air et l'espace. Comme Rubens, il avait tout le feu de la création, plus d'imagination peut-être, mais un coloris moins beau. On peut l'admirer encore à Notre-Dame d'Anvers : il a peint sur la coupole *l'Assomption de la Vierge*. J'aime mieux de lui les pages profanes, les Vénus et les Diane, ou encore les sujets sacrés dont l'aspect est plus que profane ; ses Bethsabé, ses Judith, ses Dalila et ses Suzanne, sont touchées avec infiniment d'amour et de poésie. On recherchait beaucoup ses camaïeux, petits poëmes qu'il peignait dans les guirlandes de fleurs de Daniel Seghers [1].

Théodore Van Thulden naquit et mourut à Bois-le-Duc, mais il habita longtemps Anvers. Dès

---

[1] Van Dyck a peint Cornille Schut. C'est une figure à grandes lignes, d'un caractère rêveur, le sourcil est fin ; les moustaches sont relevées fièrement, l'habit a toute la noblesse des costumes flamands-espagnols. L'histoire s'est trop peu inquiétée de ce grand artiste. Nous avons tenté ailleurs d'écrire l'histoire de son cœur. — *Romans, Contes et Voyages* —

1620 il était élève de Rubens; en 1658 il était directeur de l'académie d'Anvers. Il fut un de ceux qui accompagnèrent Rubens à Paris; sans doute il eut la gloire de peindre dans la célèbre galerie du Luxembourg. Il y avait deux hommes bien distincts en Théodore Van Thulden : l'artiste épris du grand style, amoureux de la peinture héroïque, et le peintre familier se complaisant aux foires et aux kermesses. Autant il avait d'élévation et de sublimité dans ses pages épiques, autant il était bouffon et pittoresque dans ses tableaux de chevalet. Il touchait les petites figures avec infiniment d'esprit. Quand il s'attaquait aux grandes figures, il changeait subitement de manière; ce n'était plus ni le même pinceau ni la même palette. Rubens le reconnaissait pour un de ses meilleurs élèves; cependant il n'était ni très bon dessinateur ni très bon coloriste. Il avait pris tous les défauts de Rubens; mais çà et là il s'élevait à la hauteur du maître par le génie de la composition. Van Thulden avait voyagé dans presque toute la France, curieux d'en étudier les monuments, les paysages et les habitants. Un voyage en France était alors comme un voyage en

Chine aujourd'hui. Il s'était arrêté plus d'une année à Fontainebleau pour dessiner d'après le Primatice les travaux d'Hercule. Il les grava ensuite à l'eau-forte. De retour à Paris, il n'avait que vingt-trois ans, il peignit pour l'église des Mathurins la vie de Jean de Matha, fondateur de l'ordre. De retour en Flandre, il peignit des tableaux d'église, des tableaux d'histoire et des kermesses. Il quitta Anvers à la mort de Rubens[1] pour retourner à Bois-le-Duc, où il mourut fort âgé.

Comme Théodore Van Thulden, Abraham Van Diepenbeke était né à Bois-le-Duc (1607). Il fut attiré à Anvers par la renommée de Rubens. Il commença par peindre sur verre. A l'école de Rubens, il fit des progrès rapides; mais le maître ne put jamais corriger son dessin trop chargé; il lui conseilla le voyage d'Italie. Diepenbeke parcourut l'Italie. Tour à tour peintre sur verre et peintre sur toile, il imita la manière de tous les grands maîtres sans cesser d'être fidèle à celle de Rubens, aussi son talent était-il un composé quelquefois

---

[1] Selon Descamps, il avait une telle amitié pour son maître, qu'il ne put vivre dans la ville où Rubens était mort.

peu harmonieux de diverses écoles. Diepenbeke avait le tort de ne rien accorder à la réflexion; il jetait feu et flamme sur la toile avant de savoir ce qu'il allait créer. La lumière sortait quelquefois du chaos, mais le plus souvent le monde restait enfoui dans le chaos. Il retourna à Anvers et rentra à l'atelier de Rubens, qui le trouva tout aussi extravagant dans son génie. Cependant il rencontra la fortune et la gloire à Anvers. En 1641, il était directeur de l'académie. Quand il mourut, en 1675, le poëte Vondel écrivit des vers à sa louange. Parmi ses œuvres admirées, on cite encore aujourd'hui *le Déluge païen*, vaste composition d'un étrange caractère [1].

Simon de Vos, né à Anvers en 1603, fut un des plus savants disciples de Rubens; il y avait entre Rubens, Sneyders et Simon de Vos, une vraie fraternité. De Vos devait, selon Cornille de Bie, son talent à Rubens, à Sneyders et à lui-

---

[1] « Il était chargé de thèses de mausolée et de sujets de dévotion qui furent gravés et enluminés pour être distribués dans les écoles et les confréries. Les libraires l'employèrent souvent à des vignettes dont ils ornaient les livres; celui qui a pour titre *le Temple des Muses* fait honneur à cet artiste. » DESCAMPS.

même; il peignait avec un égal succès des tableaux d'histoire, des chasses et des tableaux
de chevalet, sa touche était belle, ferme et savante. Ses *ex voto* sont des portraits vivants. Il
vécut enfermé dans les joies austères de l'art.

Jean Van Hoeck avait, comme Schut et Rubens,
l'amour des lettres dans l'amour de la peinture,
Rubens emmenait quelquefois ces deux rares
esprits dans ses promenades pour discuter avec
eux sur les grands poëtes et les grands artistes.
Dans son voyage à Rome, Van Hoeck fut recherché
pour sa science comme pour son talent. La ville
éternelle lui fut très hospitalière; il vivait avec les
cardinaux, les lettrés et les artistes. Il quitta
Rome et traversa l'Allemagne, s'arrêtant à la cour
de chaque souverain. Il revint en Flandre presque
en triomphe, avec l'archiduc Léopold. Il mourut
jeune encore, universellement considéré. Van
Dyck eût signé plus d'un portrait de Hoeck. Ses
tableaux d'histoire, quoique peints avec un pinceau peut-être un peu délicat, respirent une
certaine énergie; son dessin est naturel, sa couleur est vigoureuse, quoique harmonieusement
nuancée.

Jacques Van Oost n'étudia point à l'atelier de
Rubens, mais subit l'influence du grand maître
comme la plupart des peintres qui naquirent sous
sa gloire. Au temps de ses premières études, il
copia Rubens et Van Dyck avec tant d'art que
tout le monde y fut trompé. Aujourd'hui encore,
dans plus d'un musée, il y a des Rubens très ad-
mirés qui sont l'œuvre de Jacques Van Oost. Il
n'avait pas vingt et un ans que déjà on le citait
comme un grand peintre à Bruges, sa ville natale.
Il voyagea en Italie et copia Carrache comme il
avait copié Rubens. Mais bientôt il comprit que
le génie n'était pas le don de reproduire l'œuvre
des hommes, mais l'œuvre de Dieu lui-même.
Il avait jusque-là approfondi son art; quand il
créa lui-même, ce fut avec toute la raison et
toute la logique d'un penseur. Une grande simplicité domine son œuvre. Il n'abusait jamais du
nombre de figures, voulant, à l'exemple des
grands maîtres, frapper l'esprit par l'action principale. Il drapait bien ses figures, mais ses fonds
manquent souvent d'air et d'espace. Il remplaçait
trop le paysage par l'architecture : chez lui, la
bonne mère nature ne montre jamais un pan de

sa robe verte. Sa couleur est harmonieuse et fraîche dans les chairs, mais elle est trop heurtée dans les draperies et dans la lumière. Le nombre de ses tableaux s'élève à plus de cinq cents. La plupart représentent la vie de Jésus-Christ. Toutes ses figures sont de grandeur naturelle. Il était né peintre d'histoire ; il ne put jamais varier son talent. On a de lui quelques portraits qui sont encore des tableaux d'histoire par la mise en scène, les ajustements et les détails.

Jacques Van Oost, son fils, tient aussi à Rubens par la tradition. Comme son père, il ne peignit que de grandes compositions. C'était presque la même manière, avec une pâte plus robuste et une touche plus franche. Il vécut longtemps à Lille, où il s'était marié. Il retourna à Bruges pour y mourir en 1715. Il fut un des derniers représentants de la grande école. Quelques-uns de ses portraits ont été comparés, sans trop d'injustice, à ceux de Van Dyck. J'en ai vu qui m'ont frappé par le goût du dessin, la noblesse de la pose et l'éclat de la couleur. Celui-là encore était né à temps pour se nourrir des bons principes.

Jean Wildens et Lucas Van Uden ont peint dans

la plupart des paysages de Rubens. Van Uden avait la touche plus intime et plus variée, tour à tour vague et légère, ferme et décidée. Wildens était un paysagiste de style, digne maître de Huymans et de Van Artois. Dans les tableaux de Rubens, il soutenait merveilleusement l'accord des figures par ses fonds harmonieux. Tous les deux étaient coloristes; leurs ciels et leurs lointains ont beaucoup d'air et de légèreté. Wildens est irréprochable, Van Uden est plus hardi et plus grand. Le premier, qui avait surtout de l'esprit, arrivait au caractère de l'art et ne dédaignait pas les petits effets; le second, génie rêveur et naïf, arrivait au caractère de la nature sans l'avoir cherché. Il fut le précurseur de Van Everdingen et de Jacques Ruysdael.

Cornille de Bie a écrit qu'Érasme Quellyn surpassait les peintres de l'antiquité; mais Cornille de Bie écrivait en vers. En effet, Érasme Quellyn était plutôt un savant artiste qu'un grand peintre. Il fut d'abord admis chez Rubens comme bel esprit, philosophe, homme de lettres. La maison de Rubens, on le sait, comme le palais de Louis XIV, était ouverte à tous les talents; Érasme Quellyn

professait la philosophie. A force de voir peindre
Rubens, il comprit que la véritable éloquence était
dans la création. Il quitta sa chaire et vint se
ranger sous la bannière de Rubens. En peu d'années il fut reconnu pour un des meilleurs peintres
d'Anvers, en ce merveilleux xviie siècle où il y
avait à Anvers tant de peintres de génie. Avec
beaucoup de science et d'imagination, il ne s'éleva
jamais aussi haut que Rubens, parce qu'il manquait de hardiesse et qu'il craignait de trop s'abandonner à ses forces. Il fut un des plus fidèles
amis de Rubens, mais il ne voulut jamais peindre
dans ses tableaux ; et, tout en l'admirant avec
enthousiasme, il osait lui reprocher d'employer
des mains étrangères dans ses chefs-d'œuvre.

Son fils, Jean-Érasme Quellyn, s'abreuva dans
son enfance aux sources fécondes du génie de
Rubens. Le premier nom qu'il avait entendu résonner autour de son berceau, c'était celui de ce
maître ; les premières merveilles qui avaient
frappé sa vue, c'étaient les tableaux de Rubens.
Il étudia d'abord sous son père. Rubens allait
mourir et s'était retiré du monde. Quellyn conduisit son fils auprès de son ami. Rubens dit qu'il

regrettait de ne pouvoir enseigner encore, car il jugeait que le jeune homme serait la gloire de son maître. Le fils de Quellyn l'avait frappé par son regard tout enivré de lumière. Il lui conseilla d'aller étudier les maîtres éternels de l'Italie. Le jeune homme lui baisa les mains et lui dit avec des larmes dans les yeux : « Oui, je suivrai vos traces, j'irai aussi à Venise ; j'étudierai Titien et Véronèse ; mais celui que je respecterai toujours comme mon maître, ce sera vous, car, si je suis peintre, c'est par votre génie et votre gloire. » C'était encore un enfant : son père le retint à son atelier jusqu'au jour où il le jugea capable de partir seul pour l'Italie. Jean-Érasme Quellyn alla donc étudier à Rome, à Florence, à Naples, mais surtout à Venise. La splendeur de Paul Véronèse frappa vivement son esprit. Il reconnut deux maîtres, Rubens et Paul Véronèse. Comme eux, il s'éleva aux hautes compositions ; il fut hardi jusqu'à la témérité ; il se montra fier dans son style et énergique dans sa couleur. Le dernier, en Flandre, il fit en peinture de la poésie épique. Tout en s'abandonnant avec plus de hardiesse que son père à tous les hasards de l'inspiration, il avait, comme le vieux Quellyn, une logique de composition qui sauvait toujours ses toiles de la confusion.

L'influence de Rubens fut universelle. Philippe de Champagne lui-même, né en 1602, subit dans ses études l'influence de Rubens; mais Philippe de Champagne appartient à l'histoire de la peinture française. Nous reconnaissons volontiers qu'il a gardé parmi nous les robustes traditions du naturalisme flamand ; mais, puisque dès sa jeunesse jusqu'à sa mort il a vécu à Paris, dans l'amitié de Poussin et de Lesueur, Flamand par la naissance, Français par le style, nous le saluerons donc peintre français [1], tout en consignant ici sa belle réponse

---

[1] Voici d'ailleurs un jugement tout rendu sur Philippe de Champagne :

« Philippe de Champagne, comme homme et même comme artiste, devait porter à Lesueur de véritables consolations. C'était la plus vieille amitié du Poussin à Paris ; ils s'étaient liés vingt ans auparavant, lorsque, habitant ensemble au collège de Laon, ils peignaient des panneaux de porte au Luxembourg sous les ordres de Duchêne, le peintre ordinaire de la reine Marie de Médicis. Champagne n'avait ni la force de conception ni la richesse et l'élévation de pensées du Poussin ; mais, à un degré différent, il avait pris parmi les peintres de l'époque une attitude presque aussi indépendante et aussi originale que son ami. Jamais il n'avait sacrifié à la mode ; il n'était tombé dans aucun des écarts du style italien dégénéré. Son esprit droit,

au cardinal de Richelieu, qui voulait l'élever aux grandeurs de la cour de Louis XIV : «Vous ne pouvez pas me rendre plus habile peintre; en conséquence, je ne désire de vous que l'honneur de vos bonnes grâces. »

Ce ne sont pas là tous les élèves directs ou in-

simple, laborieux, son inflexible conscience, peut-être aussi son origine flamande, mais avant tout son rare talent pour peindre le portrait, voilà ce qui l'avait sauvé de la contagion. Toujours en face de figures vivantes, dont il fallait saisir et traduire l'expression, il ne lui avait pas été possible de perdre de vue la nature, et il n'avait eu ni le temps d'apprendre, ni la pensée d'employer tous ces moyens alors en usage pour l'ennoblir et la contrefaire. Ce grand art du portrait n'avait pas seulement préservé son goût, il avait servi sa fortune, en lui assurant la bienveillance d'une foule de puissants personnages : grâce à leur protection, il pouvait se permettre mieux qu'un autre de braver le goût dominant et de faire de la peinture autrement que tout le monde. Même pendant la toute-puissance de Vouet, Champagne vit son talent respecté; et, sans ses scrupules de fidélité envers la reine-mère, il est à croire que toutes les faveurs du cardinal auraient été pour lui.

« Le seul homme qui pouvait faire ombrage à Lebrun, mais qui ne songeait guère à l'inquiéter, c'était Philippe de Champagne. Au milieu de toute cette peinture académique sur laquelle Lebrun allait bientôt régner, Champagne seul, depuis la mort de Lesueur, restait comme représentant de la vérité et du naturel. Il peignait encore avec ardeur malgré ses cheveux blancs, mais il n'avait pas la moindre brigue, pas la plus légère ambition. On l'avait fait recteur de l'académie presque malgré lui; et pourtant sa longue carrière, la grande estime qu'il s'était ac-

directs de Pierre-Paul Rubens [1]. Le grand maître avait réuni sous sa puissante main, sur son front radieux, toutes les forces et toutes les gloires du génie flamand. Ce qu'il avait possédé à lui seul, cent cinquante peintres nés sous son règne allaient se le partager en se trouvant riches encore. C'étaient les capitaines d'Alexandre. A son retour d'Italie, Jean-Érasme Quellyn avait trouvé la peinture flamande en pleine décadence; tous les petits-fils de Rubens avaient peu à peu gaspillé l'héritage sacré, comme des enfants prodigues. Les derniers rayons déjà pâlissants frappèrent le front de Jean-Érasme Quellyn. Il tenta de réveiller le génie des arts dans ce pays, qui perdait tout à la fois sa nationalité et ses grands hommes. Quand il mourut, le 11 mars 1715, les Flandres pleurèrent leur dernier peintre sur son tombeau. C'en était fait du grand art.

quise non moins par ses vertus que par ses œuvres, lui donnaient, sans qu'il s'en souciât, une telle puissance que, lorsqu'après la mort de Mazarin le roi, voulant mettre toutes choses sur un pied nouveau, décida qu'il aurait un premier peintre (la charge était vacante depuis la mort de Vouet), il y eut grande indécision parmi ses conseillers pour savoir si son choix devait s'arrêter sur Philippe de Champagne ou sur Lebrun. » L. VITET.

[1] David Teniers est élève de Rubens

X.

LES PEINTRES DE CABARETS ET DE KERMESSES.

I.

HALS. — BRAUWER. — CRAESBEKE. LES OSTADE.

Nous avons salué les derniers jours de la grande peinture en Flandre : avec Franz Hals, né à Malines, mort à Harlem, nous allons retourner en Hollande. Leyde n'a encore donné qu'un homme de génie, le vieux Lucas; un plus grand va s'y révéler, Rembrandt, le fils d'un meunier. Harlem va donner ses deux célèbres paysagistes, Ruysdaël et

Berghem; Amsterdam, toutes les villes, tous les villages de ce vert pays plein de sève et de saveur, apporteront tour à tour leur tribut. La Hollande aussi aura son siècle de Périclès, son siècle de Léon X, son siècle de Louis XIV; elle va être peuplée d'artistes; on les voit poindre à chaque pas.

Jusqu'ici, sans détacher entièrement les deux écoles, nous avons maintenu les limites qui les séparent. Malgré leur sympathie mutuelle pour le réalisme et la couleur, elles ont chacune leur poésie distincte. Il y a tout un monde entre Rubens et Rembrandt, comme entre Titien et Michel-Ange. Cependant, avant d'esquisser à grands traits cette robuste figure si sombre et si rayonnante du peintre de Leyde, nous allons réunir dans la même étude tous les artistes flamands et hollandais, peintres de petits tableaux, qui appartiennent aux deux écoles, comme Teniers et Brauwer. Il a là toute une pléiade d'artistes aux franches allures, toujours gais et vifs, qui courent le cabaret et la kermesse; on leur pardonne volontiers de s'attarder jusqu'au matin dans les tavernes, car ils en sortent si bravement, le chapeau de travers et l'épée en ferrailleurs !

Ainsi nous quittons les gentilshommes de la peinture, les grands seigneurs d'Anvers, comme Rubens, Breughel, Van Dyck, pour les plébéiens de l'art, comme Hals, les Ostade, Brauwer [1] ; du cabinet royal de Rubens montons au grenier de Hals ; il n'y a que la distance du génie au génie.

« Je ne connais, disait Van Dyck, aucun peintre au monde plus maître de son pinceau que Franz Hals. » Van Dyck ajoutait même que le maître

[1] « Il y a plusieurs genres de peinture dont les prétentions ne s'élèvent pas haut, mais qui néanmoins ne sont pas sans quelque mérite, quoiqu'ils ne puissent pas entrer en concurrence avec cette grande idée universelle qui préside à l'art. Les peintres qui s'appliquent à rendre des caractères bas et vulgaires, et qui expriment avec exactitude les différentes nuances des passions de la nature commune (ainsi qu'on le voit dans les ouvrages d'Hogarth) méritent de grands éloges ; mais comme leur esprit est sans cesse occupé de choses communes et triviales, les éloges qu'on leur donne doivent être proportionnés aux objets qu'ils représentent. Les bambochades de Téniers, de Brauwer et d'Ostade, sont excellentes en leur genre ; le mérite de ses ouvrages, ainsi que l'estime qu'on en fait, sont en proportion de ce que ces sujets vulgaires, et la manière dont les passions y sont rendues, tiennent plus ou moins de la grande et belle nature.

« Ce même principe peut être appliqué aux batailles du Bourguignon et aux galanteries françaises de Watteau ; on peut même l'étendre au-delà de la représentation des objets animés.

d'Ostade aurait été le premier peintre de portraits, s'il avait pu adoucir ses couleurs [1].

Franz Hals, né à Malines en 1584, passa de bonne heure en Hollande ; il habita Delft et Harlem. Il était né peintre ; il avait pu se passer d'un maître ; aussi ses portraits sont-ils touchés avec beaucoup d'originalité. Il avait étudié, mais seulement avec lui-même, pensif devant sa palette. Le caractère de son talent, c'est la force et la har-

comme, par exemple, aux paysages de Claude Lorrain et aux marines de Van den Velde. Tous ces artistes peuvent former, en général, la même prétention au titre de peintre, qu'un satirique, un faiseur d'épigrammes, de sonnets, d'élégies, ou de poëmes didactiques a le droit d'aspirer à celui de poëte. » REYNOLDS.

[1] « Lorsque Van Dyck fut déterminé à passer en Angleterre, il fut exprès à Harlem pour y voir Hals. Inutilement fut-il souvent chez lui, il était les trois quarts de sa vie au cabaret. Le peintre d'Anvers lui fit dire que quelqu'un l'attendait chez lui pour se faire peindre. Dès que Hals fut arrivé, Van Dyck lui dit qu'il était étranger, qu'il voulait son portrait, mais qu'il n'avait que deux heures à lui donner. Hals prit la première toile venue, arrangea sa palette assez mal et commença à peindre ; peu de temps après, il dit à Van Dyck qu'il le priait de se lever pour voir ce qu'il avait fait. Le modèle parut fort content de la copie, et, après avoir causé sur des choses indifférentes, Van Dyck lui dit que la peinture lui paraissait assez aisée, et qu'il voulait à son tour essayer. Il prit une autre toile et pria Hals de se mettre à la place qu'il venait de quitter. Celui-ci, quoique surpris, ne tarda

diesse. Quoiqu'il fût amoureux de la vérité, ses portraits sont des œuvres d'art par la magie de la lumière et l'esprit de la touche. Il ne descendait guère de son grenier que pour aller au prochain cabaret. En vain Van Dyck avait tenté de l'arracher à sa misère et à son ivrognerie : il était heureux dans le vin et n'en voulait pas sortir. Van Dyck, quittant Hals, avait donné quelques guinées à ses enfants demi-nus et grelottants; dès que Van Dyck fut parti, Hals saisit les guinées pour aller boire. Voilà à quoi aboutirent les remontrances du portraitiste d'Anvers. Cependant Hals, même dans les fumées du vin, n'oubliait pas qu'il était artiste et qu'il devait laisser un nom. « Je peins, disait-il, pour le nom de Hals. Le maître, et j'en suis un, doit cacher le travail servile du manœuvre avec les ressources de l'artiste. Il faut de l'exactitude dans les portraits, mais l'exactitude de l'art. » Un philosophe n'eût pas mieux

pas à s'apercevoir qu'il avait affaire à quelqu'un qui connaissait la palette et son usage. Peu de temps après, Van Dyck le pria de se lever à son tour. Quelle fut sa surprise ! « Vous êtes Van Dyck, s'écria-t-il en l'embrassant ; il n'y a que lui qui puisse faire ce que vous avez fait. » DESCAMPS.

dit du haut de sa tribune que Hals dans le fond
du cabaret, car toute son école allait au cabaret.

Le cabaret, d'ailleurs, n'était pas autrefois ce
qu'il est aujourd'hui ; les grands seigneurs y sou-
paient gaiement en folle compagnie. Dans celui
des Flandres, on respirait une certaine poésie
pittoresque, on avait de l'esprit sans le savoir.
C'était le temps des mœurs grossières, mais naïves
et curieuses : quiconque alors n'allait pas au cabaret n'avait pas de philosophie. Hals en avait un
peu trop. Il mourut pauvre, à près de quatre-
vingts ans, laissant trois ou quatre fils, peintres,
musiciens et ivrognes, bohémiens dans l'art comme
dans la vie. Ses élèves dignes de lui sont Brauwer
et Ostade.

Brauwer a vécu comme son maître, avec plus
de génie et plus de passion ; aussi mourut-il à
trente-deux ans. La débauche n'avait saisi Hals
que dans l'âge mûr ; elle avait étreint Brauwer à
quinze ans. Celui-là fut un grand peintre [1], non pas
de la famille de Léonard et de Raphaël, mais de

---

[1] Rubens le reconnaissait pour un des grands peintres du
xviie siècle.

la famille de Véronèse et de Rembrandt. Il y a dans ses petits tableaux toute la puissance qui éclate fastueusement sur les grandes toiles vénitiennes. Sa poésie est en guenilles, mais quelles guenilles ! Rembrandt les a baisées religieusement.

Adrien Brauwer naquit à Harlem [1] en 1608, d'une famille pauvre. Sa mère brodait des ajustements pour les paysannes. Dès que Brauwer eut une plume à la main, ce fut pour dessiner des fleurs et des oiseaux que brodait sa mère. Hals, passant devant la boutique, s'arrêta à la vue du jeune dessinateur, non sans quelque surprise, car Brauwer dessinait déjà avec une grande liberté de main. Hals mit le pied sur le seuil de la boutique et demanda à l'enfant s'il voulait devenir peintre. Brauwer s'écria avec joie qu'il ne ferait pas autre chose. Hals s'engagea à le prendre à son atelier, à lui donner le gîte et le pain ; mais quel pain et quel atelier !

Brauwer, à peine guidé par son maître, fit des progrès qui étonnèrent ses condisciples et Hals

---

[1] Cornille de Bie veut qu'il soit né à Oudenarde, mais Houbracken prouve par une lettre du bourgmestre Six qu'il est né à Harlem.

lui-même. Il trouvait comme par magie la vie sur
sa palette. Après un an d'études, Hals le conduisit dans un petit grenier, en lui déclarant qu'il
n'entendait pas le voir perdre son temps avec ses
autres élèves. Pendant six mois, nul n'entendit
parler de Brauwer; il avait disparu du monde,
même pour sa mère. « Cette séquestration donna
de l'inquiétude ou de la curiosité à ses camarades,
qui, pendant l'absence du maître, épièrent le moment pour voir ce que faisait Brauwer. Ils mon-
tèrent chacun à leur tour. Par une petite fenêtre,
ils virent avec surprise que cet élève pauvre et
méprisé peignait de fort jolis tableaux. Un d'eux
lui proposa de lui faire les cinq sens à quatre sous
pièce. Il y réussit si bien, qu'un autre lui commanda, au même prix, les douze mois de l'année. [1] » Ce pauvre enfant de génie se trouva heureux d'être si bien payé. Il était si habitué à
la misère, qu'un rayon de soleil sur le toit, un
morceau de pain noir, un rêve sur le grabat, une
heure de loisir pour faire des tableaux à quatre
sous, lui donnaient du cœur à la vie. Hals était un

[1] — HOUBRAEKEN. — HAGEDORN. — DESCAMPS. —

terrible maître, j'allais dire créancier, mais il allait boire et devenait philosophe, tandis que sa femme, qui était avare, restait toujours au logis. « Elle observait Brauwer de si près, qu'il ne lui restait pas un seul instant. Elle l'épuisait par le travail et par la faim ; à peine conservait-il la figure d'un homme vivant. » Adrien Van Ostade, un de ses condisciples, lui conseilla de fuir. Brauwer tout grelotant descendit de son grenier et courut par la ville, craignant autant sa mère que son maître.

Sa vie aventureuse est toute une odyssée ; c'est un roman, c'est un poëme, le poëme de l'homme de génie qui meurt à l'hôpital, cet autre Panthéon. Arrêtons-nous au premier chapitre du roman et indiquons à peu près le sommaire des autres chapitres.

Brauwer passa sans transition du grenier au cabaret. Henry Van Soomeren, peintre dans sa jeunesse, était devenu aubergiste ; Brauwer entra chez lui par hasard. Entre deux bouteilles, il se mit à peindre une querelle de soldats et de paysans. Soomeren reconnut le peintre dont Hals vendait si bien les tableaux. Cette œuvre, faite

comme en jouant, lui fut aussitôt payée cent ducatons à lui, le peintre de tableaux à quatre sous.
Il s'imaginait rêver. « Il répandit l'argent sur son
lit et se roula dessus. » Après quoi il sortit en silence, ayant en mains les cent ducatons. Au bout
de trois jours, il revint sans un sou, dépouillé par
les filles et par les cabaretiers. Il vécut ainsi à
Amsterdam durant quelques années. A la fin, cri-
blé de dettes, il partit de cette ville pour en aller faire ailleurs. Il se mit en route pour Anvers.
Ce fut dans ce voyage qu'il rencontra David Teniers, à peine adolescent, qui allait d'Anvers à
Amsterdam, en compagnie d'un âne, pour y vendre les tableaux de son père. A son arrivée à
Anvers, il fut arrêté comme espion et jeté dans
la citadelle avec les prisonniers de guerre [1]. Parmi
les prisonniers était le duc d'Aremberg. « Qui êtes-
vous? lui demanda le duc en le voyant pleurer.
— Donnez-moi une palette et des pinceaux, »
répondit le peintre. Le duc envoya chez Rubens;
une heure après, Brauwer avait le pinceau à la
main. Par la lucarne de son cachot, il voyait des

---

[1] Les États Généraux étaient alors en guerre avec l'Espagne.

soldats espagnols jouer aux dés dans la cour. Il esquissa cette scène avec beaucoup de verve, selon sa coutume. Le duc d'Aremberg ne savait comment juger l'œuvre, quand Rubens survint. « Sur mon âme ! ce tableau est de Brauwer, s'écria-t-il ; lui seul peut peindre de tels sujets avec autant de force et de beauté. » Le duc demanda à Rubens combien il estimait ce tableau ; le grand maître répondit qu'il en offrait trois cents rycksdaelders (à peu près six cents florins). Le duc voulut le garder, autant pour la singularité de l'aventure que pour la beauté de l'œuvre[1]. Rubens descendit à la hâte au cachot de Brauwer et l'embrassa avec des larmes de joie et de compassion ; il obtint sa liberté et l'emmena en son palais, lui

[1] « C'était un groupe de soldats espagnols assis sur les talons et jouant aux cartes avec cette gravité castillane qui met de la dignité dans les poses les plus grotesques. Un vieux cavalier, dont la large bouche balafrée ne montrait plus que deux dents longues et jaunes comme celles d'un sanglier quadragénaire, semblait le juge des coups. La joie du gain, l'anxiété de la perte, l'intérêt, la curiosité des joueurs et des assistants, étaient reproduits avec une vivacité d'imagination non pareille. Dans un coin, accroupi dans une position non équivoque, on voyait un senor soldado dont la physionomie trahissait des émotions si douloureusement comiques qu'on ne pouvait le regarder sans rire. » KAREL BEYNAERT, *Les Belges illustres*

déclarant qu'il y trouverait toujours une frater-
nelle hospitalité.

Brauwer retrouva le jeune David Teniers à l'a-
telier de Rubens; il lui donna des leçons et le dé-
tourna des grandes pages. Peu s'en fallut que
tout l'atelier ne suivît la manière de Brauwer, tant
il était éloquent avec la poésie du cabaret. Mais
ce nouveau venu qui allait faire une révolution
disparut tout à coup. Brauwer ne se trouvait guère
mieux dans le palais de Rubens que dans le grenier de Hals : ce n'était ni un palais ni un grenier
qu'il fallait à cet artiste de hasard, tour à tour
naïf et gai comme un enfant ou courbé sous la
débauche. Les belles manières de Rubens, son
langage étudié et sévère, toute sa cour de grands
seigneurs, tous ses disciples vêtus de velours et
de dentelles, effrayaient l'habitué des tavernes. Il
quitta Rubens pour chercher, selon sa coutume,
fortune en plein vent. Il rencontra au cabaret un
original qui buvait gaiement et contait avec verve.
C'était le fameux boulanger Joseph Van Craesbeke, qui devint peintre en voyant peindre Brauwer. Ils burent ensemble. Craesbeke s'émerveilla
du talent de Brauwer; il l'attira chez lui et le

nourrit. Cette fois c'était l'élève qui donnait l'hospitalité. Craesbeke fut trop hospitalier, car sa
femme était jolie et Brauwer était galant. Le scandale devint si éclatant, que la justice ordonna à
Brauwer de quitter la ville. Cette fois, il partit
pour Paris. Il était peut-être encore l'heure de
monter l'âpre rocher pour respirer enfin l'air pur
des montagnes ; une main secourable pouvait l'entraîner loin de la forêt touffue des voluptés : Rubens avait échoué ; mais si une femme se fût pré-
sentée pour lui parler de Dieu ou d'elle-même ?
Une fois de plus il rencontra la débauche ; c'était
le dernier rendez-vous : la mort allait venir. A
Paris comme à Harlem, comme à Amsterdam,
comme à Anvers, il eut du génie au cabaret, en
compagnie des enfants prodigues et des filles de
joie. Il sentit bientôt que c'en était fait de lui : il
voulut revoir Anvers, il y retourna, mais il eut à
peine le temps de descendre à l'hôpital pour ne
pas mourir dans la rue. Il expira deux jours après,
sans un ami pour lui parler de la terre où son
génie était aimé, pour lui parler du ciel, la patrie
des grands cœurs. Son corps fut jeté dans la fosse
commune ; mais Rubens, toujours hospitalier, le

fit déterrer et donna une tombe dans l'église des Carmes à celui qu'il voulait loger dans son palais.

Nul n'a saisi la vérité pittoresque avec plus de franchise et d'esprit que Brauwer; nul, dans un pareil espace, n'a plus pompeusement répandu la lumière. Celui-là n'était pas un miniaturiste patient comme tant de ses compatriotes trop vantés : sa touche était large, pleine de vie et d'effet. Ses paysans ivres, ses rustres endimanchés, ses chirurgiens à l'œuvre, ses joueurs en colère, ses libertins en gaieté, sont de petites merveilles qu'il faut admirer comme les créations d'un des talents les plus robustes qui aient régné dans les Flandres [1].

Craesbeke n'est guère que la grimace de Brauwer; il n'a ni sa richesse de ton, ni sa fierté de

[1] Les tableaux de Brauwer sont rares et hors de prix ; comme ceux de Teniers, il ne faut pas les chercher dans sa patrie. Le plus beau que j'aie vu est à Rome , à la galerie Borghèse. Les quatre figures de ce petit tableau étonnent par la vie qui les anime, par l'expression, par l'accent de génie qui les marque victorieusement.

« Brauwer se livrait à un tel enthousiasme, en travaillant, qu'on l'entendait souvent parler espagnol, italien ou français, comme s'il eût été avec les personnages qu'il peignait. Le Dominiquin éprouvait à peu près le même enthousiasme. »

touche, ni sa finesse d'expression. Cependant il y aurait de l'injustice à nier l'entrain, le tour facile, la touche solide de cet autre peintre de hasard. Brauwer était l'Homère du cabaret, Craesbeke n'en était que le Diogène [1]. Rien qu'à le voir, d'ailleurs, on jugeait que l'élève n'était que le bouffon du maître. Brauwer avait une belle tête fière et dédaigneuse, ennoblie par l'orgueil du talent. Il s'habillait avec faste et tranchait du grand seigneur; en franchissant le seuil des tavernes, il retroussait ses moustaches en raffiné et se faisait verser à boire avec insolence [2]. Craesbeke était

[1] Le tableau capital de Craesbeke représente des paysans qui s'égorgent dans une guinguette; tout y est renversé, tables, pots, hommes, femmes et enfants; le vin coule avec le sang. C'est d'une horrible et sublime vérité. Son tableau du Louvre, qui est aussi un de ses meilleurs, le représente peignant son ami Brauwer : ce sont deux excellents portraits, c'est une curieuse page de l'histoire de l'art.

[2] Voici comment Cornille de Bie peint Brauwer :

Zyn schilderkonst bestont in snakery en boetzen,
Die hy zoo geestig wist met zyn penceel te toetzen
Dat niemant zyns gelyk, in deze tyd en is
Die't werk komt over een met zyn gesteltenis.
Hier staat een lompe boer van dronkenschap te spouwen.
En't wyf met eenen stok gereed zyn huid te touwen.
Daar ziet m'een bootsgezel met't pintje in zyne vuist.
En hier een feyenrot die met de kaarten tuist.

un ivrogne trivial, portant mal une tête vulgaire
que nulle grande pensée, que nul beau sentiment
n'avait illuminée.

Adrien Van Ostade, né à Lubeck en 1610, mort
à Amsterdam en 1685, fut tout à la fois élève de
Franz Hals, son maître reconnu, et de Brauwer,
son condisciple. Il imita l'un et l'autre. Plus tard,
émerveillé des petits tableaux de David Teniers,
il se laissa séduire à cette autre manière non
moins curieuse; mais, sur le conseil de Brauwer,
qui n'aimait pas les copistes, il suivit enfin la route
où sa nature l'entraînait. Tout en peignant les
mêmes sujets que Teniers et Brauwer, il a son
cachet bien distinct, soit par l'effet lumineux, soit
par les ajustements, soit par le coloris, soit par
l'expression. Ce n'est ni le même soleil, ni le même
pays, ni les mêmes hommes. Il est plus grotesque
et n'a pas moins d'esprit. Teniers est plus logique
et compose mieux, Ostade est plus vigoureux et
plus fini. Son dessin n'est pas choisi ; mais quelle

Daar zuipt een gulzigaart de pot uyt onder 't pypen.
Of wil de huiswaardin kwanvuis na 't voorschoot grypen
Daar vegt men om 't gelag, met bezem, bank' en stoel.
Daar ziet men boers gevry en diergelyk gevoel'

légèreté de touche, quelle transparence, quelle chaleur de ton ! Comme il séduit l'œil et détourne l'esprit de critique dans ces intérieurs agrestes dont la fenêtre est si poétiquement égayée par le soleil et les herbes grimpantes ! Quel génie pour le détail et pour l'ordre ! Dans ses intérieurs, on a tout sous la main ; on passe, sans déranger personne, autour de la ménagère et des enfants. Il semble que ses tableaux soient peints en émail ; tout y est clair, tout y est en relief. Ostade était varié dans ses créations ; il a peint tour à tour des ménagères et des fumeurs, des matelots et des ivrognes, des joueurs de quilles et des joueurs de trictrac, des hivers et des tabagies, des musiciens en plein vent et des philosophes en méditation, des maîtres d'école en fonctions et des amoureux rustiques à mi-chemin de Cythère [1]. Il s'est représenté plusieurs fois peignant au milieu de sa famille. Le joli tableau du musée du Louvre nous montre ses huit enfants endimanchés pour la pos-

---

[1] Un des plus beaux Ostade est au musée de Strasbourg. Il est admirable par l'expression, l'effet et le coloris. C'est une des pages les plus gaies et les plus lumineuses du roman comique de la Hollande.

térité. C'était un homme fécond en tous genres. Il gravait comme il peignait. Il a laissé des gravures sans nombre, de beaucoup d'effet et d'esprit. Les historiens ne s'inquiètent pas de sa vie privée; sans doute il fut heureux au milieu de ses tableaux et de ses enfants.

Isaac Van Ostade, élève de son frère, mourut trop jeune. A en juger par les tableaux qu'il a laissés, on peut dire qu'il était digne d'Adrien par le tour naïf, l'accent de vérité et l'esprit pittoresque. Comme son frère, il peignit des grotesques et des paysanneries. Ses haltes de voyageurs à la porte de l'hôtellerie sont peintes avec beaucoup d'entrain et de chaleur de ton.

Adrien Van Ostade est l'idéal du laid, le point suprême. Un peu plus loin, c'est la caricature. Ce qui sauve les bambochades de tous les peintres flamands et hollandais de la même période et du même genre, c'est qu'elles sont plus accentuées que celles de la nature. L'art a toujours son privilége.

II.

ELZHEIMER.—TENIERS LE VIEUX.
ABRAHAM TENIERS. — DAVID TENIERS.

On peut appliquer à David Teniers, le peintre des Géorgiques en Flandre, ces paroles de Virgile : *In tenui labor, et tenuis non gloria.*

Avant d'arriver à la vie et à l'œuvre de David Teniers, qui a fait voyager les Pays-Bas dans tout l'univers, je veux suivre le sillon tracé jusqu'à lui. On ne crée pas un genre dans les arts sans prendre les leçons du passé, sans étudier les traces, quelque vagues qu'elles soient, de ceux qui ont marché avec de pareils instincts.

Je ne parlerai plus ici de Jérôme Bosch, ni de Jean Mandyn, ni de Breughel le Drôle. On a dit que David Teniers s'était inspiré des fêtes de village du vieux Breughel. David Teniers trouvait sans doute bien plus simple de s'inspirer aux tableaux vivants des fêtes de village de son temps. Ses vrais maîtres, avoués par lui, sont Adam

Elzheimer, un Flamand né en Allemagne, le vieux Teniers, Adrien Brauwer. Ils ont été, pour ainsi dire, le commencement de son œuvre.

Adam Elzheimer, un des premiers, peignit en petit, avec une touche étudiée, des sujets pris autour de lui dans la vraie nature. Il est né à Francfort en 1574. Son premier maître fut Philippe Offenbach, de la même ville; son second maître, le meilleur sans doute, ce fut lui-même, la nature aidant. Voulant changer de ciel, il partit pour Rome, jeune encore. Il fut d'abord mal accueilli dans ce sanctuaire de la peinture solennelle. On riait de pitié à la vue de ses petits tableaux souriants. « Ce ne sont là que des jeux d'enfant, » lui disaient avec dédain les copistes de Raphaël; mais Adam Elzheimer ne se décourageait point; en homme raisonnable, il pensait que ce n'est point faire tomber l'art en enfance que de peindre sans façon la nature telle qu'elle est. Des artistes flamands, alors en grand nombre à Rome, le vengèrent bientôt en imitant sa manière. Après bien des luttes avec la pauvreté, la fortune lui tendit la main; mais, comme il l'a dit ingénieusement, « elle ne m'a tendu la main que pour me faire l'aumône. » Il passait trop de temps à finir ses petits tableaux pour devenir riche ; il tenta de se consoler avec l'amour. Il avait une belle figure, un peu grave et un peu triste ; dans la gravure d'Eisen, on le voit surtout pensif. Il est représenté avec des cheveux bouclés, des moustaches relevées et une touffe de barbe au menton. Il semble plus préoccupé de ses enfants qui ont faim que des sujets souvent gais de ses tableaux. Quoi de plus désolant pour un homme de cœur que cette misère du foyer qui vient crier famine par la bouche fraîche et rose d'une nichée d'enfants !

Il peignait péniblement, il peignit avec plus de peine encore. Ses élèves lui vinrent en aide, entre autres Teniers, le père de David Teniers. Mais peu à peu ses derniers élèves, presque tous Flamands, retournèrent en leur pays. Il demeura seul en face d'une femme et de huit enfants, qui ne lui laissaient pas le temps d'achever ses tableaux. Jusqu'alors, il se consolait, du moins à certaines heures, en appuyant sur son cœur blessé ses terribles créanciers de chaque jour. A ces créanciers aimés, il s'en joignit d'autres, qui vinrent à leur tour saisir l'œuvre inachevée dans les mains du pauvre artiste. Jusque-là, Adam Elzheimer avait travaillé jour et nuit bien au-delà de ses forces ; comme le pélican solitaire, il avait nourri sa famille avec son sang. Dès qu'il vit que désormais le premier prix de son travail ne serait plus pour sa femme et ses enfants, il perdit courage, et s'enfuit comme un fou dans la campagne de Rome. Pendant près de six mois, il n'habita que les ruines et les ermitages. Sa femme allait lui porter, non pas de quoi vivre, mais de quoi travailler encore pour ses enfants. Dans un ermitage du mont Collini, il peignit *la Fuite de la Vierge en Égypte*. Ce tableau, qui passait pour son chef-d'œuvre, est celui du Musée du Louvre. La sainte Vierge tient l'enfant Jésus sur ses genoux ; la femme et le dernier enfant d'Elzheimer lui avaient servi de modèles ; saint Joseph conduit l'âne pendant la nuit au bord d'une rivière semée de toute sorte de plantes et de fleurs aquatiques ; il tient à la main, en guise de flambeau, une branche de pin allumée. Le lointain est à effet : un groupe de bergers se chauffent près d'un beau feu, sur les bords d'un étang, à quelques pas d'une sombre forêt où leurs troupeaux sont éparpillés. Le ciel est semé d'étoiles; la lune blanche, un peu au-dessus de l'horizon, éclaire le paysage et les figures avec une grande vérité. Le pauvre Adam Elzheimer eût sans doute bien voulu conduire l'âne, comme Joseph, vers des pays meilleurs. Pour lui, il ne tarda pas à partir pour un autre monde. Ses créanciers, ayant découvert sa retraite, le traquèrent, le saisirent et l'entraînèrent en prison. Il fut forcé d'y travailler pour eux : c'étaient les travaux forcés à perpétuité. Heureusement pour sa famille que de Gaud, gentilhomme d'Utrecht, peintre lui-même, ayant découvert Adam Elzheimer dans la prison, voulut le secourir, lui et les siens. Cette amitié vint trop tard : le pauvre peintre mourut à la peine, sans avoir attendri ses créanciers. Il ne sortit de la prison que pour le cimetière.

David Teniers le vieux naquit à Anvers en 1582. On ne sait rien de son origine; on ne commence à le connaître un peu que dans l'atelier de Rubens, son premier maître. Il fit, sans trop d'éclat, de la grande peinture jusqu'aux premières années du XVIIe siècle. Il copiait Rubens comme

Elzheimer, avec un grand bonheur. Il partit jeune encore pour Rome, sachant manier le pinceau et animer la couleur. A Rome, il rencontra Elzheimer presque à son arrivée. Ils devinrent amis et se conseillèrent l'un l'autre, tout en partageant le pain bénit du travail ; mais Elzheimer, plus original et plus absolu, finit par dominer Teniers le vieux. Après un séjour de dix ans à Rome, celui-ci revint à Anvers. Il avait étudié tous les maîtres italiens ; une fois de retour dans sa patrie, il ne se souvint plus des leçons de son ami Elzheimer ; il regarda autour de lui *la petite nature*, comme disaient dédaigneusement les critiques du peintre de Francfort ; il fut frappé de la vérité naïve qu'avait saisie son malheureux ami. Ayant assisté comme convive à une noce aux environs d'Anvers, il résolut de peindre, à la façon d'Elzheimer, toutes ces franches figures qui n'avaient d'autre souci que de rire, de boire et de danser. Cette noce de village fut très admirée pour ses groupes de danseurs ; mais il ne se trouva point de chalands pour la payer : les amateurs eussent craint de déparer leur galerie par un pareil sujet. Le peintre, qui venait de se marier, abandonna ce nou-

veau genre pour copier encore les grands maîtres,
mais il y revint bientôt. On avait compris que, dans
les arts, la vérité a sa poésie comme le mensonge.
Il trouva à vendre ses noces et ses fêtes de village, ses alchimistes et ses buveurs. Il ne devint
pourtant jamais riche et ne laissa à ses enfants
que son pinceau pour tout héritage. Il eut deux
fils, Abraham et David; ce fut David qui ramassa
le pinceau. Abraham ne fut qu'un cadet de famille dont le nom serait oublié, comme l'est son
œuvre, s'il n'avait eu un tel père et un tel frère.
Cependant il a laissé des preuves de talent à
Bruxelles sur les panneaux du cabinet de Charles
de Lorraine. On a même beaucoup vanté une œuvre de lui, *la Conversation*, peinte avec un certain
tour original. Mais que de peintres du Nord, Al-
lemands, Hollandais ou Flamands, qui ont eu du
talent et qui n'ont pas eu de nom! Les temps sont
bien changés!

Ainsi Adam Elzheimer commence cette galerie
de la *petite nature* où règne surtout la vérité naïve.
Des peintres flamands, entre autres le vieux Teniers, emportent en Flandre les leçons de ce maître; l'atelier de Hals, où étudie Adrien Brauwer,

est parsemé de gravures d'après Elzheimer. Or, on le sait déjà, le vieux Teniers et Adrien Brauwer sont les maîtres du jeune David Teniers, qui devint le roi du genre.

David Teniers naquit à Anvers en 1610, dans l'atelier de son père, cet atelier étant tout à la fois la chambre à coucher et le salon. Jamais peintre n'étudia si jeune. Encore au berceau il regardait peindre le vieux Teniers. Il n'avait pas quatre ans que son père le surprit le pinceau à la main, barbouillant avec une gravité comique une kermesse inachevée.

Rubens, venant visiter David Teniers le vieux dans une maladie, s'arrêta un peu pour voir à l'œuvre ses deux jeunes fils Abraham et David. Abraham poursuivit paisiblement sa tâche, sans s'inquiéter de la présence de cet illustre maître ; David, ému jusqu'aux larmes, laissa tomber son pinceau. Rubens, voyant bien qu'il lui faisait peur, daigna ramasser le pinceau et peindre lui-même à grands traits dans l'ébauche du jeune écolier. Ce fut la plus belle leçon que prit jamais David, car Rubens parlait en même temps qu'il peignait. Il expliquait chaque coup de pinceau.

Tout ce qu'il dit sur l'art du coloris, sur l'ordonnance et l'harmonie d'un tableau, demeura pour la vie gravé en traits saillants dans la mémoire de David. Aussi disait-il plus tard : « Je tiens mon génie de la nature, mon goût de mon père, ma perfection de Rubens. » Il avait tort d'oublier Brauwer.

David Teniers, à quinze ans, peignait déjà les paysages dans les tableaux de genre de son père. Il était né peintre, il en avait tous les instincts ; il ne voyait rien pour le plaisir de voir, mais pour le plaisir de peindre. « Il était d'un grand secours à son père, dit le naïf Descamps, car il allait avec un âne vendre les tableaux du vieillard à Bruxelles ou à Amsterdam. » Un jour, nous l'avons dit, il rencontra sur la route un grand garçon de dix-huit ans en fort mauvais équipage, qui lui demanda où allait son âne : « Il suit le chemin des ânes, répondit David Teniers ; vous voyez donc que c'est votre compagnon de voyage. » Le grand garçon, c'était Adrien Brauwer. Content de la réponse du jeune Teniers, il fit route avec lui, s'arrêtant aux mêmes auberges pour vivre à ses dépens.

S'étant brouillé, on ne sait pourquoi, avec Abraham, David alla, confiant dans son étoile, ouvrir un atelier près de la cathédrale. Adrien Brauwer, qui n'avait d'autre atelier qu'un cabaret, vint peindre chez David. Ce fut là un nouveau maître très ardent et très original. Heureusement que David ne l'écouta qu'à l'atelier.

On raconte cependant une histoire qui prouve que Teniers allait aussi au cabaret. Il était à une auberge d'Oyssel avec sa palette et ses pinceaux, sans doute au retour de quelques études en pleine campagne ; il n'avait pas d'argent, mais il avait faim. Comment se bien tirer d'affaire pour mettre d'accord sa bourse et son estomac ? Il commença par déjeuner de toutes ses forces ; comme il était à table, un pauvre aveugle jouant de la flûte vint à la porte du cabaret. Il ordonna au joueur de flûte de demeurer en paix sur le seuil. Après déjeuner, il se mit à le peindre ; il ne lui fallut pas deux heures pour achever le tableau. Un Anglais, lord Falston, se trouvait là ; il y avait alors, comme aujourd'hui, des Anglais partout ; ce lord offrit au peintre trois ducats de son tableau. « C'est où j'en voulais venir, » dit Teniers. Des trois ducats, l'un fut pour le joueur de flûte, l'autre pour le cabaretier, le dernier pour le peintre. On s'obstina et on s'obstine encore à regarder ce *Joueur de Flûte* comme le chef-d'œuvre de Teniers[1].

Teniers lutta durant quelques années contre la misère. Il était forcé d'aller vendre ses tableaux, comme ceux de son père, à Bruxelles ou à Amsterdam. Son talent, encore indécis, flottait de la grande peinture religieuse au petit tableau de genre ; il avait un peu plus de vingt ans quand l'archiduc Léopold, l'ayant rencontré à l'atelier de Rubens, le nomma son peintre ordinaire et son premier *valet* de chambre. (Des biographes disent *aide*, d'autres *gentilhomme*.) Depuis cette bonne rencontre, tout alla à son gré.

Une petite aventure décida tout à fait sa fortune vers ce temps-là. Un gentilhomme du duc, près de se marier, lui commanda un tableau de l'Hymen. Comme le gentilhomme était passionné, Teniers, pour le contenter, mit en œuvre

---

[1] Je ne l'ai pas vu ; il a été d'ailleurs longtemps perdu pour l'Europe. Il fut volé à lord Falston et retrouvé en Perse, en 1804, par le colonel Dickson. *Le Joueur de cornemuse* du musée du Louvre est sans doute digne du *Joueur de flûte*.

toutes les ressources de son génie en fleur. Il imita les grâces du Corrége et le coloris de Titien ; il fit l'Hymen beau comme l'Adonis antique ; jamais lignes plus douces ne s'étaient animées d'un plus charmant sourire. Teniers n'oublia pas le flambeau ; jamais flambeau d'amour n'avait jeté tant d'éclat. La veille des noces, Teniers appelle le gentilhomme à son atelier. « Voilà, dit-il, tout ce que j'ai rêvé de plus beau et de plus aimable. — Vous avez manqué votre coup, dit le gentilhomme en secouant la tête d'un air mécontent ; j'ai une meilleure idée de l'Hymen, je le vois plus agréable et plus gai ; il manque à cette figure je ne sais quoi d'enchanteur que je sens et que je ne puis exprimer. » En garçon d'esprit, Teniers prit aussitôt son parti. « Vous avez raison de n'être pas content de mon tableau ; il n'est pas sec, la figure est ambrae ; d'ailleurs, mes couleurs ne gagnent qu'avec le temps, comme toutes celles des grands maîtres. Voulez-vous que je vous rapporte ce tableau dans quelques semaines ? Puisque vous vous mariez demain, vous avez bien autre chose à faire qu'à voir l'Hymen en peinture. Croyez-en ma parole, si vous trouvez à la première entrevue que je me sois trompé , je consens à n'être pas payé. »

Le gentilhomme n'avait rien à répliquer. Il sortit de l'atelier pour aller revoir sa fiancée. C'était une Flamande d'origine espagnole, digne du pinceau de Murillo comme du pinceau de Rubens ; comme elle n'avait rien sous sa beauté, elle fut un peu moins aimée le lendemain des noces que la veille; mais Teniers, en homme sensé, attendit un peu ; il laissa au gentilhomme le loisir de voir l'Hymen sous toutes ses faces. Enfin, au bout de trois ou quatre mois, il porta le tableau au logis du gentilhomme « Vous aviez raison, s'écria celui-ci après l'avoir contemplé un instant, le temps a singulièrement embelli votre peinture. A peine si je la reconnais ! Le temps doit passer sur les meilleurs tableaux. Comme ces couleurs ont bien plus d'éclat ! comme ce flambeau a bien plus de feu ! Je ne puis m'empêcher de vous dire que votre tableau a trop gagné en grâce et en agré-ment. Vous avouerez que cet air de tête est trop enjoué, on dirait l'Amour; or, ne vous y trompez pas, c'est l'Hymen que vous avez voulu peindre. Cet œil est trop vif, cette bouche trop folâtre.

L'Hymen est un dieu raisonnable avant tout ; plus
j'y regarde, plus je trouve que vous n'avez pas
saisi son caractère. — A merveille, dit Teniers ;
comme je l'avais prévu, l'Hymen s'est métamor-
phosé dans votre imagination ; l'amant n'est plus
qu'un mari. Sachez-le donc, ce n'est pas ma peinture qui a changé, c'est votre idée. » Le gentilhomme voulait se fâcher pour l'honneur de sa
femme ; mais comment lutter contre un pareil
raisonnement ? Il offrit de payer le tableau. « Non,
dit le peintre, j'ai manqué de génie en cette aventure ; accordez-moi quelques jours. » Teniers se
remit au travail pour un chef-d'œuvre d'esprit.
Grâce à la perspective, il fit un portrait de l'Hymen
qui paraissait charmant, vu de loin, et un peu
refrogné, vu de près. L'archiduc Léopold, ayant
appris l'histoire de ce tableau philosophique, l'a-
cheta pour sa galerie. Tous les curieux, mariés ou
non mariés, le vinrent admirer. Dufresny, qui a
raconté cette histoire avec tout son esprit, ter-
mine ainsi son récit : « Le duc fit placer le portrait au bout de la galerie, sur une espèce d'estrade ;
pour monter sur cette estrade, il fallait passer un
pas fort glissant : en deçà, c'était le charmant

point de vue ; mais, sitôt qu'on avait passé ce pas, adieu les charmes, ce n'était plus cela. »

Cornille Schut a le premier rapporté cette histoire. « Ce qu'il y a de curieux, dit-il dans sa narration, c'est que ce tableau de l'Hymen a amené le mariage de David Teniers, » Voici comment : Cornille Schut était un des tuteurs d'Anne Breughel, fille de Breughel de Velours ; elle demeurait avec sa famille. Comme elle était belle et charmante, il prenait plaisir à la conduire à la promenade, tantôt aux ateliers de Rubens et de Van Balen, ses autres tuteurs, tantôt à la cour de l'archiduc Léopold, tantôt sur l'eau ou en pleine campagne. Un jour qu'il lui montrait le tableau de Teniers, *vu en deçà du pas glissant*, le peintre survint. Après quelques paroles sur la pluie et le beau temps, sur la poésie et la peinture, Teniers dit tout à coup à la jeune fille : « Madame, *voulez-vous passer au delà?* — Oui, dit-elle peut-être sans réfléchir. — Je vous prends au mot, » dit Teniers en lui offrant la main. Anne Breughel rougit et refusa de passer. Cornille Schut prit l'aventure en poëte plutôt qu'en tuteur. « Pourquoi ne passeriez-vous pas? dit-il en souriant.

— A quoi bon, dit-elle un peu enhardie, puisque de l'autre côté le tableau change d'effet et de couleur?

— Pour vous et pour moi jamais! » dit étourdiment le jeune peintre. Teniers salua galamment et s'éloigna déjà amoureux. Le lendemain, il entra, après mille détours, à l'atelier de Cornille Schut, qui peignait des camaïeux dans une guirlande de fleurs de Seghers. « Maître Cornille, demanda Teniers, voulez-vous me dire ce qu'il y a de mieux à faire pour séduire une femme? — Des vers, répondit le poëte-peintre. Vous êtes donc amoureux?

— Comme un fou; au point que l'archiduc croit que j'ai perdu la raison. — Et amoureux de qui, messire David Teniers? — Vous le devinez, répondit le jeune peintre! Ah! si je savais faire des vers comme les vôtres! — Je ne suis pas maître de la main d'Anne Breughel; elle a deux autres tuteurs, Rubens et Van Balen; d'ailleurs, je la tiens pour femme résolue : elle prendra un époux à sa guise. » Teniers, voyant Rubens quelques jours après, lui demanda aussi ce qu'il y avait de mieux à faire pour séduire une femme. « Un portrait qui l'embellisse, répondit le grand peintre.

— Que n'ai-je votre talent! s'écria Teniers avec

un soupir; mais peut-on embellir encore Anne Breughel? — Puisqu'il est question d'Anne Breughel, allez voir notre grave ami Van Balen; il vous dira, en vieux philosophe revenu des passions de ce monde, ce qu'il y a de mieux à faire sur ce chapitre. » David Teniers alla tout droit à l'atelier du vieux peintre. Il le trouva peignant sur cuivre une copie de son grand tableau, *Saint Jean qui prêche dans le désert*. Teniers l'avait vu souvent au palais de l'archiduc; il aborda tout de suite la question : « Qu'y a-t-il de mieux à faire pour séduire une femme? — L'aimer, répondit le vieux peintre. — Vous avez peut-être raison; cependant j'adore Anne Breughel, sans la toucher par ma passion. »

Les trois tuteurs interrogèrent tour à tour Anne Breughel, qui n'avait point oublié David Teniers. Il se trouva que Van Balen avait parlé plus judicieusement que ses cotuteurs. Tous trois tinrent conseil; on mit sur les balances le talent de Teniers et la fortune d'Anne Breughel, l'esprit de l'un et la grâce de l'autre. Après bien des débats, on se décida pour le mariage. On rassembla les jeunes gens dans un souper chez Rubens; on s'a-

musa un peu de leur embarras ; au dessert, on dit
à Teniers qu'on l'avait appelé pour signer au contrat de mariage d'Anne Breughel en sa qualité
d'imitateur du vieux Pierre Breughel, son grand
père. En effet, un garde-notes se présenta très
sérieusement. On lui fit place au bout de la table ;
il déploya un parchemin, tailla sa plume et offrit
de lire son écrit sur les conventions des futurs
époux. David Teniers ne douta plus de son bonheur ; il offrit de signer des deux mains. Ce contrat de mariage, conservé aux archives d'Anvers,
fut rédigé en faveur de la femme contre le mari.
Il y est dit qu'en cas de décès d'Anne Breughel ses
enfants recueilleraient, non seulement les biens
qu'elle apportait en dot, mais encore tous les bé-
néfices de la communauté. Cette clause fut exé-
cutée de point en point. Les trois tuteurs avaient
tout arrangé en hommes de loi, tout artistes qu'ils
étaient.

Le mariage eut lieu solennellement à quelques
jours de là. L'archiduc, le matin même, donna
son portrait en médaillon à Teniers avec une
chaîne d'or. Cette chaîne d'or fut d'un heureux
présage ; ce mariage n'eut pour Teniers que des

chaînes de fleurs. Anne Breughel lui fut toujours douce et gracieuse; elle lui donna quatre jolis enfants sans cesser de l'aimer comme au premier jour; lui-même l'aima toujours avec la tendresse d'une âme ardente : en un mot, ils ne virent jamais l'Hymen qu'*en deçà du pas fatal.*

Dans les premières années de son mariage, Teniers continua d'habiter le palais de Léopold, ne travaillant guère que pour le roi d'Espagne. Le roi d'Espagne fut si enchanté de sa façon de faire et de son agilité, qu'il fit bâtir une galerie tout exprès pour ses œuvres. D'abord Teniers n'avait guère que copié les grands maîtres de Flandre et d'Italie. Bientôt ennuyé de suivre les maîtres à la lettre, il ne fit plus que les imiter; ses imitations eurent une vogue singulière : on alla jusqu'à les préférer aux modèles; il réussissait surtout à imiter Rubens, au point qu'on s'y méprenait quelquefois. Ces pastiches furent gravés sous sa direction; les gravures forment un volume in-folio très curieux à étudier.

Teniers comprit que jusque-là il n'avait mis son génie qu'au service de sa fortune et des maîtres qu'il traduisait; il voulut être à son tour un peintre original. Dans ses heures de loisir, se rappelant les leçons de son vieux père, il créait en quelques coups de pinceau une scène prise autour de lui dans la nature. Il finit par abandonner tout à fait les grands sujets; il borna son génie, génie flamand avant tout, dans un horizon flamand. Il s'était lassé de voir des saints en extase, des saintes en pénitence; il n'avait jamais rencontré de pareils tableaux sur son chemin. Assez d'autres avaient peint pour l'église catholique, apostolique et romaine; n'était-il pas temps de représenter la créature humaine sous une autre face, dans un caractère plus vrai? Puisque la peinture est un miroir, pourquoi ne pas promener ce miroir dans le chemin où l'on passe aussi bien que dans le chemin où l'on ne passe qu'en rêve? Le tableau de la joie franche et naïve, le tableau de le vie telle qu'elle est, ne doit pas être indigne de l'Art; la prose doit plaire aussi bien que les vers. Ainsi raisonnait Teniers, et, comme tous les hommes de talent, il avait raison. On aurait bien pu lui répondre que la peinture, comme la poésie, est une fille du ciel, qu'elle ne doit descendre que pour s'élever plus haut, qu'elle a pour mission de parler à l'âme le langage des dieux, qu'elle doit enseigner en même temps que séduire; mais comment dire à Teniers qu'il avait tort en voyant ses paysans en gaieté?

Brauwer et Craesbeke avaient pris à Anvers, parmi les mariniers et les buveurs, toutes les physionomies originales; pas un intérieur de cabaret, pas une figure plaisante qu'ils n'eussent peints à diverses reprises. David Teniers voulut aller à la conquête d'un nouveau monde; il ne fit pas grand chemin pour cela. Entre Malines et Anvers, au village de Perck, il y avait un château à vendre, le château des Trois-Tours, vieil édifice gothique digne d'abriter un prince. David Teniers, qui était un petit prince parmi les peintres flamands, acheta hardiment le château, résolu d'y passer sa vie en pleine nature. Le lieu était bien choisi : clocher pointu, prairie, étang, enclos pittoresque, ménétriers, ivrognes, tout ce que Teniers cherchait, il le trouva à Perck et aux villages environnants. Il mena grand train : il eut des laquais et des équipages. Ce qui surprendra sans doute, c'est qu'il étudiait presque toujours les danses et les cabarets par la portière de son carrosse. Il n'imitait point en cela son ami Brauwer, qui buvait et dansait avec ses modèles.

Son château devint un des plus beaux rendez-vous de chasse ; l'archiduc Léopold, le prince d'Orange, le duc de Marlborough, l'évêque de Gand, don Juan d'Autriche et autres personnages illustres plus ou moins, s'y donnaient rendez-vous. Don Juan d'Autriche passa au château des Trois-Tours plus d'une belle saison, prenant des leçons de peinture et fraternisant avec Teniers. Comme souvenir de bonne et franche amitié, il a peint, avec le talent de la patience, le portrait du fils de Teniers. Teniers n'était pas seulement célèbre en Flandre et en Hollande ; la reine Christine de Suède lui écrivait et lui envoyait son portrait en médaille orné des plus riches pierreries. La France, l'Allemagne et l'Italie se disputaient ses œuvres. Il y avait pourtant çà et là des protestations contre son talent ; on sait le mot de Louis XIV : « Qu'on m'ôte ces magots de devant les yeux ! » dit ce prince, un jour qu'on avait orné sa chambre de quelques grotesques de Teniers. Ce mot ne prouve rien contre Louis XIV ni contre Teniers. Le grand roi, qui n'avait jamais vu que des courtisans en longues perruques, en fines dentelles et en habits brodés, ne pouvait croire qu'il y eût quelque part, en Flandre ou ailleurs, une créature humaine comme celle que peignait Teniers.

Cependant ce peintre grand seigneur n'étudiait pas toujours en carrosse ; dans ses kermesses, nous le voyons quelquefois assis au bout d'une table rustique, entre sa femme et ses enfants, suivant d'un regard pénétrant tous les jeux de physionomie des buveurs éparpillés autour de lui ; il lui arrive même de verser à boire à ses modèles, mais d'une main blanche et dédaigneuse , qui contraste singulièrement avec cette action bachique.

Son grand train le ruina deux fois. A sa première ruine, il se contenta de travailler la nuit : il n'en supprima point pour cela un seul cheval ni un seul domestique ; il n'en reçut pas moins des excellences de tous les pays , qui se croyaient, au château des Trois-Tours, dans un château royal. Le travail rétablit ses finances. On assure qu'il produisit jusqu'à trois cent cinquante tableaux dans une seule année. Mais à force de produire, il désespéra les chalands, ses œuvres tombèrent de prix ; bien des tableaux restèrent suspendus aux lambris dorés de l'atelier. Alors, ne sachant plus comment se tirer d'affaire, on rapporte que Teniers, de complicité avec sa femme et ses enfants, se fit passer pour mort. On éleva un mausolée dans le jardin ; Anne Breughel revêtit un habit de deuil ; enfin la comédie fut jouée si bien, que le dénoûment prévu arriva. Les tableaux de Teniers quadruplèrent de prix ; ce que voyant, Teniers sortit de son atelier et reprit encore son beau train de vie. Mais que faut-il croire de ceci ? Teniers, avec ses sentiments religieux, n'eût jamais consenti à jouer ainsi la comédie de la mort. D'ailleurs Anne Breughel, cette épouse si adorée et si adorable, cette mère si tendre et si pieuse, n'eût jamais voulu profaner les larmes du veuvage.

David Teniers a peint quelques pages de sa vie au château des Trois-Tours. Un de ses plus jolis tableaux, très admiré, au xviiie siècle, dans le cabinet du duc de La Vallière, le représente avec sa famille sur la terrasse de son château. Son costume est flamand et espagnol. Il joue du violoncelle avec bonne grâce et d'un air mélancolique. Anne Breughel ouvre devant lui un livre de musique. Le plus jeune de leurs fils s'épanouit naïvement entre eux ; l'aîné, qui a douze ou treize ans, vient du château, apportant un verre et une cruche. Abraham Teniers, drapé fièrement dans son manteau, le chapeau sur la tête, à demi masqué par une porte, observe gravement ce tableau. Un singe grimpé sur un petit mur semble écouter la musique avec charme. Madame Teniers est très simplement vêtue : des cheveux qui tombent en boucles, une rose à son corsage, un tendre sourire de mère, voilà toute sa parure.

Un autre tableau de famille, *la Diseuse de bonne aventure*, représente Anne Breughel écoutant les prédictions d'une horrible bohémienne qui lui tient la main. On est en pleine campagne. Teniers est présent. D'un côté du groupe, on voit son fils qui s'éloigne et entraîne un grand lévrier; de l'autre côté, d'autres bohémiens, dignes de Callot, font une halte pour attendre leur compagne. Toutes les physionomies sont bien exprimées. Madame Teniers a l'air de douter des prédictions de la sibylle, qui doit lui promettre une longue vie et une belle mort, une belle place en ce monde

et dans l'autre. Or, Anne Breughel mourut vers
ce temps-là.

Le château des Trois-Tours domine un grand
nombre de paysages du peintre ; mais Teniers a
voulu lui consacrer un tableau tout entier. C'est
un vieux château sans caractère et sans style. Cependant il a quelque chose d'imposant dans ses
vieilles tours inégales. Il est baigné par un étang
où s'inclinent le roseau et la fleur aquatique. Teniers s'est peint sur le pont, avec sa femme et ses
enfants. Dans un autre tableau, il s'est peint
voguant sur l'étang dans une nacelle, suivi de
chiens à la nage. Abraham a laissé un beau portrait de David Teniers peint au château des Trois-
Tours. Quoique drapé à l'espagnole et en dépit de
ses cheveux bouclés, de sa fine moustache, de sa
fraise, de ses chaînes d'honneur, de ses man-
chettes et de ses éperons, il a un peu l'air d'un
riche paysan de la Flandre.

Il était à peine au milieu de sa carrière, quand
il vint à perdre sa femme. Son affliction fut des
plus grandes. Le château des Trois-Tours, si
égayé par son bonheur passé, se transforma en
un tombeau vaste et glacial. La nature, son ate-

lier ordinaire, ne lui parla plus que des grâces et des vertus d'Anne Breughel. Comme, selon son contrat de mariage, il devait, à la mort de sa femme, abandonner tout son bien à ses enfants, il se retrouva pauvre comme au point de départ. Ses enfants n'eussent point exigé que les clauses du contrat fussent accomplies en leur faveur; mais David Teniers, malgré les représentations de tout le monde, voulut se déposséder dans l'année même de son veuvage, disant qu'il ne voulait pas vivre sur un bien d'orphelins. Le château des Trois-Tours fut donc mis en vente. Un conseiller au parlement de Brabant, Jean de Fresne, l'acquit en deniers payables aux enfants du peintre, à leur majorité. Teniers se retira à Bruxelles en très petit équipage. Il conserva pourtant un cheval, ne pouvant peindre qu'au retour de la promenade en pleins champs. A peine si on voulait croire à cette métamorphose. Naturellement il vendit ses tableaux à moitié prix. On n'osait marchander avec le grand seigneur; avec le peintre redevenu pauvre, on craignait toujours d'offrir trop d'argent. D'ailleurs la fortune se lasse de sourire aux mêmes visages. Teniers vivait solitairement ; il tournait ses idées vers l'ombre de sa chère Anne et vers la religion chrétienne.

David Teniers commençait à trouver un certain charme de mélancolie dans cette existence pleine de regret, mais paisible ; il s'était remis au travail avec l'ardeur de la première jeunesse, quand une aventure toute romanesque le ramena à sa vie ancienne. Plusieurs fois déjà, dans ses courses à cheval, il était allé rêver à Perck, en vue du château, sur ses gracieux souvenirs de fortune, de gloire et d'amour. Un soir, par la grille du jardin, il vit apparaître une jeune dame en promenade dont la figure avait quelques nuances de celle d'Anne Breughel. Dans sa douce surprise, il laissa aller la bride de son cheval, qui effeuillait d'une dent impatiente la branche d'un vieux saule. Il suivit d'un regard ardent cette gracieuse apparition, qui était comme un songe du passé. La jeune dame disparut presque au même instant dans une allée touffue conduisant au château. Teniers regardait toujours, tantôt le château, tantôt l'étang, tantôt l'allée touffue. « Ma pauvre Anne Breughel, tu n'es pas morte pour moi, » dit-il tristement, mais avec un pressentiment de joie. « Non, reprit-il, non, tu n'es pas morte. Je te retrouve partout ici, sous ces mêmes arbres, à cette même nacelle qui a promené tant de bonheur. » Tout en se parlant ainsi, le pauvre peintre ne voyait pas que son cheval, qui avait aussi ses souvenirs, prenait tout doucement le chemin des écuries. Sur le pont, Teniers ressaisit la bride en soupirant. « Non, non, mon noble ami, nous n'avons même plus le droit de pied à terre dans ce château. »

Ce jour-là, Teniers rentra plus tristement que de coutume à son logis. « Pourquoi ai-je vendu ce château? disait-il avec amertume; au moins là je serais en quelque sorte plus près de ma chère Anne; je m'imaginerais encore la voir et l'entendre. » Le lendemain, il ne put s'empêcher de retourner à Perck. Le conseiller, l'ayant rencontré au bord de l'étang, le pria d'entrer au château et de s'y considérer comme le maître. Il fut présenté à Isabelle de Fresne : c'était une jeune fille blonde et blanche qui s'ennuyait dans la solitude, quoique dans un château. Elle avait le regard tendre et naïf d'Anne Breughel. Teniers en fut charmé. Elle peignait un peu; le peintre offrit de lui donner une leçon dans son ancien

atelier. Une giboulée vint fondre sur le château;
le conseiller retint Teniers, qui ne fut point fâché
du contre-temps. Le souper fut très gai. Le pauvre peintre se croyait presque revenu en son ancienne splendeur. La douce figure d'Anne Breughel manquait au tableau; mais Isabelle de
Fresne avait bien du charme. « Quelle fâcheuse
idée vous a pris de quitter ce château? dit le
conseiller au dessert. Pour augmenter le patri-
moine de vos enfants, je le sais; mais c'est pous-
ser trop loin l'amour paternel. A un génie tel
que le vôtre, il faut un palais pour asile. — Mon
vrai palais, c'est la nature, dit le peintre en jetant
un regard d'envie sur les lambris dorés du château des Trois-Tours. — Mon vœu le plus cher,
monsieur Teniers, serait de vous avoir ici durant
toutes les belles saisons. — En vérité, monsieur
le conseiller, je serais fier de vivre en si bonne
et en si belle compagnie; mais le temps des fêtes
est passé pour moi. J'ai été un grand seigneur et
un peintre; aujourd'hui je ne suis plus qu'un
peintre. Toute ma joie est sur ma palette. Je
peindrai encore le bonheur, mais le bonheur des
autres. » Disant cela, Teniers regardait tendre-

ment Isabelle. La jeune fille rougit et parla d'autre chose.

Le lendemain, Teniers se leva dès l'aube pour retourner à Bruxelles. Pendant que son cheval mangeait l'avoine, il alla se promener au bord de son étang bien-aimé. La matinée était des plus fraîches et des plus gaies; un vent léger secouait la brume au-dessus des prairies de Vilvorde. Grâce à l'orage de la veille, la campagne répandait l'odeur pénétrante des herbes et des buissons; le soleil levant blanchissait le haut des tours et la cime des arbres; enfin la matinée était pleine d'amour et d'espérances. Teniers s'appuya contre le tronc d'un saule pour regarder tour à tour l'étang et le château. Il était perdu dans ses chers souvenirs, quand tout à coup, levant pour la vingtième fois les regards vers la fenêtre adorée où s'appuyait Anne Breughel durant les beaux soirs, il vit apparaître son image comme par enchantement. C'est bien elle, avec ses blonds cheveux tombant en longues boucles; voilà bien cette figure pensive où la grâce naïve sourit. Il allait tendre les bras, quand il reconnut Isabelle de Fresne. « Hélas! dit-il en baissant la

tête, ce n'est pas elle, et pourtant... » Il rentra
au château, monta à cheval et partit lentement.
Durant toute une semaine, il ne fit rien de bon.
Il voulut peindre le portrait d'Isabelle de Fresne ;
mais c'était une œuvre au-dessus de ses forces.
A peine ébauché, ce portrait lui rappelait en
même temps Anne Breughel et Isabelle de Fresne :
ces deux charmantes images étaient pour jamais
enchaînées sous son regard. Il chercha des distractions, craignant de devenir amoureux : il
fit un voyage en France ; il partit même pour
l'Italie ; mais à peine à Lyon, l'amour lui fit re-
brousser chemin. A son retour, il trouva une
lettre du conseiller qui se plaignait de son oubli.
« Venez, monsieur, nos paysans eux-mêmes sont
en souci de voir leur seigneur, et ma fille Isabelle trouve que ce n'est pas assez de prendre une
seule leçon de peinture, même d'un maître tel
que vous. » Teniers partit aussitôt pour Perck.
Le conseiller le pria avec instance de passer au
château le reste de la saison ; Teniers s'y installa
à toute aventure, ne sachant s'il était plus heureux pour lui de fuir Isabelle que de la voir sans
cesse.

Par hasard sans doute, la jeune fille avait depuis peu pour suivante une des caméristes d'Anne Breughel ; ce fut une autre illusion pour le pauvre Teniers, qui, en la rencontrant, voulait toujours lui demander si sa femme était à la promenade, sur l'étang, au jardin ou dans la prairie. Cette fille, par habitude sans doute, habillait sa nouvelle maîtresse comme l'ancienne : c'était la même coiffure, la même plume au chapeau, les mêmes dentelles, les mêmes couleurs. Teniers s'imaginait souvent rêver à la vue de ce souvenir vivant si doux et si triste. Plus d'une fois, en baisant la main d'Isabelle de Fresne, il croyait ressaisir son bonheur passé. Chaque jour il découvrait de nouvelles ressemblances ; hier c'était la main, aujourd'hui c'est le pied ; demain elle chantera, et il s'écriera avec transport : « C'est Anne qui chante. » Jamais l'illusion n'a été si puissante : il faillit en devenir fou. A certaines heures, il s'éloignait en toute hâte du château, dans la crainte de ne plus pouvoir maîtriser son cœur. « Qu'avez-vous donc, mon hôte? lui demandait le conseiller frappé de ses distractions inquiètes; est-ce que notre façon de vivre ne vous plaît pas? Votre mine ne fait pas honneur à notre maître d'hôtel. — Je n'ai rien, répondait Teniers ; un souvenir, un regret, je ne sais. »

Un soir, après le coucher du soleil, comme le peintre était assis au bord de l'étang, secouant du pied les roseaux, évoquant les gracieuses images du souvenir, Isabelle de Fresne et sa suivante vinrent à passer dans la nacelle grise. Grâce à la nuit tombante qui jetait un voile léger, grâce à sa rêverie nuageuse, grâce à un grand chien qui suivait la nacelle à la nage comme au beau temps, Teniers ne fut plus maître de lui. La nacelle touchait les roseaux, il s'y élança tout éperdu. « Anne, Anne ! s'écria-t-il. Isabelle, pardonnez-moi, reprit-il aussitôt en tombant agenouillé aux pieds de la jeune fille. — Eh bien ! oui, lui dit-elle avec entraînement, Anne Breughel si vous voulez. »

On devine sans peine que la jolie Isabelle, peut-être un peu romanesque, avait aimé Teniers ; que, touchée de ses regrets pour Anne Breughel, elle avait entrepris de les adoucir en arrivant peu à peu, à force d'illusions, à prendre la place de cette femme adorée.

Trois semaines après, Teniers épousa la fille du

conseiller, qui avait vainement élevé quelques obstacles. Il revint habiter le château; il reprit sa façon de vivre de son meilleur temps. Isabelle de Fresne, séduite par son génie rustique et ses nobles manières, lui fut très dévouée jusqu'à sa mort. Elle savait qu'elle lui rappelait toujours sa première femme; loin de s'en plaindre et de s'en irriter, elle avait pris peu à peu les habitudes d'Anne Breughel, dans le dessein généreux de faire illusion sans cesse au peintre. Aussi Teniers, ravi d'avoir retrouvé une si douce compagne, l'aimait pour elle et pour Anne Breughel.

Il mourut âgé de plus de quatre-vingts ans. Il vivait retiré à Bruxelles, toujours ardent au travail. Sa mort fut douce et paisible. Un de ses fils, récollet à Malines, lui ferma pieusement les yeux. Grâce au zèle de ce fils, il était devenu très bon catholique. Il avait peint pour le couvent de Malines les dix-neuf martyrs de Gorcum. Ce fils a écrit une vie de son père, entremêlée d'oraisons et de litanies [1].

[1] La seule page curieuse est la dernière, qui parle de la mort de ce grand peintre :

Déjà dans le délire, David Teniers ne parlait qu'à de longs

Il fut enterré dans le chœur de l'église de Perck, sous ce clocher qui, dans ses tableaux, se dessine à tous les horizons. Les dimanches, les arrière-petits-fils des paysans qu'il a peints au cabaret ou à la danse passent sur le marbre de sa tombe avec un naïf sourire de mélancolie et de gaieté.

L'œuvre de Teniers est partout, hormis à An-

intervalles. Au milieu de la nuit, après un assoupissement pénible, il prit la main de son fils avec agitation : « Voyez-vous là bas ? » lui dit-il en soulevant la tête. Le récollet regarda dans le fond de la chambre. « Je ne vois rien, mon père. — Voyez-vous, reprit le vieux peintre, dans ce laboratoire, cet alchimiste qui médite ? Il s'est tourné vers moi pour me dire adieu. Adieu donc ! Qu'ai-je dit, un alchimiste ? c'est un buveur : ils sont deux, trois, quatre ; l'odeur de leur bière me monte à la tête. Oh ! les profonds politiques ! les voilà qui transportent les Flandres en Espagne ! les ivrognes ! c'est pour y boire à plein verre du vin de Malaga. Mon fils, empêchez donc de fumer ce paysan qui n'a rien à dire. Bien à propos, j'entends sa pipe qui se casse ; je me trompe, c'est le violon du vieux Nicolas Soëst ; il y a donc kermesse à Perck aujourd'hui ? Ouvrez la fenêtre. Prenez garde, Marguerite, le vent bat vos jupes. Comme cet alchimiste est beau ! Le vieux fou ! C'est bien la peine d'avoir des cheveux blancs ! J'aime mieux voir ton violon, Nicolas ; mais que diable joues-tu donc là ? Mon fils, mon fils ! voyez-vous ? c'est effrayant ! » Le vieux peintre tressaillit et passa la main sur ses yeux. « Voyez-vous la triste danse ? le vieux Nicolas Soëst n'est plus qu'un squelette qui joue des airs funèbres. Je vois tous mes ivrognes, toutes mes folles, tous mes fumeurs qui passent dans le cimetière. Ils s'en vont tous vers, sa patrie. Qui n'a vu avec un sourire de béatitude ses joueurs de boules, ses joueurs de quilles, ses joueurs de cartes, ses galants endimanchés qui filent le parfait amour entre une pipe et un pot de bière, ses musiciens étourdissants, ses pêcheurs si patients, ses alchimistes si profonds, ses cabaretiers dont la figure est déjà une enseigne, ses guinguettes si joyeuses, ses tabagies si bien enfumées, ses intérieurs où l'on entrerait de si bon cœur, ses hommes changés en bêtes, ses bêtes changées en hommes tout aussi naturellement, enfin ces paysanneries, ces kermesses, ces fêtes de village où les acteurs jettent si franchement leur bonnet par dessus les moulins?

On peut dire que Teniers a peint tout ce qu'il a vu[1]. Pas une figure originale n'a passé vaine-

Adieu, mes amis! Mon fils, appelez mon laquais, il est temps de partir. »

[1] « Les mœurs de la Flandre, ses campagnes monotones, accidentées de quelques jolies fermes d'où s'élève un filet de fumée; ses chaumines aux fenêtres encadrées de houblon et sur le seuil desquelles devisent et fument de rustiques grivois; ses kermesses, avec leurs rondes nationales, leurs amours champêtres, leurs repas gargantualesques et leurs joyeux congrès de buverie; les parties de cartes, auprès d'une cheminée, sous le

ment sous ses yeux ; la nature elle-même l'a inspiré dans toutes les saisons et sous toutes ses
faces. Sa galerie, qui de son aveu tiendrait deux
lieues de pays, n'est pourtant pas très variée ;
c'est le même tableau étudié à divers points de
vue ; ainsi, dans ses fêtes, on voit toujours des
danseurs éperdus, des buveurs qui se battent et
roulent avec les tonneaux vides, un ivrogne qui
va en zigzag réfléchir dans un coin, des gour-
mands attablés, des joueurs de flûte ou des
joueurs de violon qui battent la mesure à grands

vaste manteau de laquelle un Lovelace de village embrasse une
Clarisse aux robustes appas; ses noces villageoises, avec leur
joyeux entrain et leurs pittoresques épisodes qui feraient rougir
la pudeur de nos peintres modernes ; ses intérieurs de chimistes
et de pourchasseurs du grand œuvre, graves et pensifs devant leurs cornues et leurs matras, dans lesquels s'évaporent
leurs terres et leurs châteaux ; ses chirurgiens de village, au
bonnet emplumé et pointu, arrachant des fragments de mâ-
choire à quelque croquant ; ses combats de taverne, vrais drames populaires, où le couteau joue un si triste rôle, où la bière
et le sang, les pots cassés et les têtes fendues se mêlent et tour-
billonnent ; ses graves fumeurs, accoudés sur une table grossière et ravis dans quelque extatique contemplation de bière et
de tabac, comme des thériakis turcs : toutes ces choses, tous ces
drames, tous ces épisodes, toutes ces individualités, tous ces tableaux de la vie intime et de la vie publique, David Teniers les
comprit et les traduisit comme lui seul savait les comprendre et
les traduire. » *Les Belges illustres.* V. Joly.

coups de verres, enfin un groupe de grands seigneurs qui ont l'air d'être au spectacle.

Certains petits tableaux de ce maître, peu connus sans doute, peut-être même dédaignés, me
séduisent beaucoup plus que ses buveurs éternels ;
ainsi, *la Bohémienne en couches, le Sabbat, la Solitude*, quelques autres encore, me prouvent que
Teniers a eu ses jours de mystérieuse poésie. La
bohémienne, cette juive errante qui n'a le plus
souvent d'autre abri que le ciel, a été bien com-
prise par le peintre ; elle accouche dans le creux
d'une roche, son berceau et sa tombe. Toute sa
misère est reproduite avec une vérité qui vous
effraie *Le Sabbat* est une fantaisie à la Callot. *La
Solitude* est tout à fait l'œuvre du peintre. On voit
une ruine abandonnée sous un ciel triste, un
berger qui conduit ses moutons dans un ravin,
trois solitaires qui discourent bruyamment sur les
bienfaits du silence. Mais pourtant la poésie de
Teniers est surtout la poésie de la gaieté. Sa philosophie est toujours au cabaret. Un de ses tableaux, qu'il a appelé *l'École flamande*, enseigne,
à l'en croire, la vraie science de la vie. Or, cette
école a pour maître un franc buveur qui préside

ses disciples sur un tonneau en perce. Il tient d'une main un broc, de l'autre il soutient sa pipe; il hume du même coup bière et tabac, tout en regardant passer Margot par la fenêtre. Les disciples sont dignes d'un tel maître; ils apprennent à jouer aux cartes et à apprivoiser la cabaretière : ils n'ont pas d'autre alphabet.

Teniers n'était qu'un dessinateur spirituel; cependant il a laissé des tableaux où le dessin n'est pas sans noblesse. Mais comment rester un vrai dessinateur quand on prend dans la nature tout ce qui est sans beauté et sans caractère, quand on dédaigne la grandeur pour l'exactitude? Ses études sont à la mine de plomb ou au crayon noir; il y a très peu de travail; on est surpris de voir qu'avec un trait çà et là jeté hardiment il ait si bien saisi l'expression [1].

Teniers, qui aimait avant tout le coloris de Titien et de Rubens, prouva à son tour, comme ces maîtres l'avaient prouvé, qu'on peut donner

---

[1] Il a gravé à l'eau-forte quelques planches recherchées, entre autres une fête de village; mais ces gravures, œuvres d'une pointe un peu maigre, n'ont ni l'esprit de Callot ni la couleur de Rembrandt.

beaucoup d'effet à un tableau sans avoir recours aux grandes oppositions. Dans ses tableaux, le clair-obscur est senti si aisément, qu'on dirait qu'il n'y a pas songé. Quelques-unes de ses pêches, de ses chasses, de ses tabagies, où tout est clair, surprennent par leur effet; en l'étudiant, on découvre sans peine que ce n'est point par des couleurs opposées qu'il arrive à cet effet; c'est presque toujours au seul mélange des couleurs qu'il doit l'artifice de répandre la vapeur et de marquer avec précision les dégradations des plans. Veut-il qu'un clair serve de fond à un autre clair, il émousse ce qu'il a de trop éclatant, répandant sur cet éclat des tons bleuâtres, c'est-à-dire de la vapeur aérienne, et, revenant sur l'autre clair, il le fait avancer en augmentant sa vigueur par des tons chauds et dorés.

Tous ses tableaux sont d'une grande légèreté de coloris; ses fonds sont faits de rien; on sent partout la fluidité de l'air. Il peignait d'abord tout d'une pâte, après avoir marqué la place des tons divers; il chargeait ensuite les lumières, après quoi il fouillait dans l'ombre. Ses ennemis disaient que ses tableaux n'auraient pas de durée,

que ce n'était qu'un lavis d'huile coloriée. David
Teniers eut durant quelques années le grand tort
d'écouter ses ennemis. Il repeignit ses tableaux à
diverses reprises : ses tableaux perdirent beaucoup; ils devinrent lourds, chargés, gris et rou-
geâtres. Ce que voyant, Rubens ramena Teniers à
sa bonne manière : « Chargez, lui dit-il, les lumières tant que vous le jugerez à propos, vous
n'irez jamais trop loin ; mais, en peignant les ombres, conservez les transparents des fonds. »

Ses paysages sont en harmonie avec ses figures ;
on sent que ses arbres avoisinent des cabarets ;
on n'y entend pas le gazouillis des oiseaux. Il peignait le premier arbre venu comme le premier
rustre venu, sans cacher les fautes de la nature :
pas un de ses arbres qui ne fût déplacé dans un
parc. Cependant son feuillé est facile, l'air s'y
joue bien. Ses horizons, ses lointains, sont trop
peu variés ; ce sont toujours les horizons du château des Trois-Tours. Ses ciels sont touchés avec
légèreté et avec feu ; ses lointains ne s'arrêtent
que dans l'infini ; mais ils ne sont pas d'un plus
joli goût que les arbres. Teniers n'attendait pas
qu'un nuage poétique passât sous ses yeux, il sai-

sissait sans plus de façon le ciel comme il était.

Son léger pinceau courait toujours avec une vitesse merveilleuse; on a un grand nombre de tableaux surnommés les *Après-dînées de Teniers*, parce que ce peintre les commençait et les terminait dans la même veillée. Un jour, il conduit don Juan d'Autriche à une fête de village; don Juan revient charmé, parlant sans cesse des scènes divertissantes qui l'ont égayé, parlant surtout d'une certaine cabaretière des plus piquantes et des plus fraîches. Après souper, don Juan va se coucher. Teniers reprend son pinceau. Le lendemain, au réveil, quelle fut la surprise de don Juan quand il vit sous ses yeux la fête de la veille peinte avec une vérité frappante! La cabaretière n'était pas oubliée; elle souriait au héros avec des dents blanches et des lèvres roses dignes de sourire ailleurs qu'au cabaret.

Teniers était vrai jusque dans les moindres accessoires; dans ses tableaux, tout est en harmonie comme dans la nature. Après avoir exprimé la physionomie du buveur, il copie fidèlement son chapeau, sa culotte, ses souliers, sa pipe et la fumée de sa pipe. Ce n'est pas tout; après le per-

sonnage vient le lieu de la scène. Comme tout ce
cabaret est bien en mouvement pour lui servir un
pot de bière! comme ces arbres ombragent à propos le banc où il va s'asseoir!

Son grand art était de saisir franchement toutes
les physionomies. Dans ses tableaux, à la première
vue, on entend non seulement le bruit des pots
qui s'entre-choquent, mais encore tout ce que disent les buveurs. Celui-ci dispute, celui-là rai-
sonne; l'un parle de la cabaretière, l'autre fait de
la politique. Chaque personnage de Teniers a sa
manière de rire, de parler, de boire ou de fumer.
Dans ses fêtes de village, on est surpris de voir
tant de piquante variété. Le paysan enrichi n'y
danse pas à la façon du pauvre diable. Comme on
y distingue bien l'allure du grand seigneur et celle
du magister endimanché! Toutes les nuances y
sont spirituellement senties. Margot ne tient pas
sa jupe comme Jeanneton, Jacqueline ne sourit
pas comme Marguerite. On voit bien que ce ne sont
pas là des personnages imaginaires créés selon la
fantaisie du peintre. Ce sont des hommes et des
femmes fidèlement étudiés les uns après les autres.
Tous ont leur rôle à jouer, leur mot à dire, leur

sentiment à exprimer; nul n'y manque, la comédie est parfaite de point en point.

Malgré sa fidélité frappante, Teniers se gardait bien de terminer son œuvre avec la froide patience de Gérard Dow, qui imitait plutôt qu'il ne peignait. Teniers voulait peindre avant tout, peindre sans contrainte et sans servilité. Ses paysans et ses buveurs n'eussent point existé, qu'il les eût inventés. Ne les croirait-on pas sortis tout armés de son cerveau? Quoique imitateur religieux et souvent froid de la nature, Teniers est un peintre original; aussi le reconnaît-on de prime abord entre tous ses élèves, qui pourtant ont saisi à leur tour le caractère de la vérité. « Montrez-moi une pipe, disait Greuze, je reconnaîtrai si elle appartient à une figure de Teniers. »

Quoique Teniers eût passé un grand nombre d'années dans le beau monde de son temps, il était d'une ignorance singulière. Ses anachronismes sont des plus curieux. Comme il n'était presque jamais sorti de la Flandre, il ne pouvait s'imaginer que le ciel et la nature des autres pays changeassent de ton et de caractère. La créature même était invariable pour son esprit. Voyez plutôt ses quelques tableaux religieux, comme *saint Pierre re-niant Jésus-Christ*. C'est tout simplement un inté-rieur de cabaret d'Anvers. On y joue aux cartes, je crois même qu'on y fume. Les soldats sont Fla-mands des pieds à la tête, par la physionomie et par le costume. Et la servante qui interroge saint Pierre, ne l'avez-vous pas rencontrée, vous tous qui avez voyagé de Gand à Anvers? Qui sait si Te-niers n'a pas voulu traduire en flamand ce splen-dide poëme de la Passion? Son *Enfant prodigue* est encore une traduction flamande; au lieu du ciel pur d'Israël, nous respirons les brumes du Nord. L'enfant prodigue est vêtu en homme qui ne voit pas souvent le soleil, les courtisanes n'ont rien de la race juive. L'une d'elles ressemble même beau-coup à la belle Anne Breughel. Mais qui sait si l'enfant prodigue, qui a fait beaucoup de chemin, n'a pas voyagé en Flandre?

Teniers, un des premiers, le plus franc de tous, a peint la nature elle-même, telle qu'elle est, sans mensonge et sans ornements. Plus d'un esprit dé-daigneux s'est trouvé qui a condamné des œuvres où l'art ne conserve ni sa grandeur, ni même sa noblesse; pour mon compte, j'admets que le génie est bon à prendre partout où il se trouve. Reproduire la créature telle que Dieu l'a faite est une mission digne de respect; j'aime autant les buveurs de Teniers que les martyrs de Zurbaran. Il y a plus de vraie poésie, simple et naïve, dans cette humble page du grand livre, où des hommes jouent, boivent, fument et chantent sans souci, que dans cette page ambitieuse où des saints se dévouent à un martyre surhumain. D'ailleurs, la peinture crée des pages d'histoire qui en valent bien d'autres. Or, Teniers n'a-t-il pas écrit l'histoire pittoresque des Flandres? Ne serions-nous pas enchantés de voir en France la figure que faisaient nos aïeux il y a deux siècles? Pour un pareil tableau ne donnerions-nous pas bien des histoires nationales? Vous me direz que l'histoire a pour but d'enseigner. Je vous répondrai que l'histoire de Teniers enseigne, sinon le bonheur qui est réservé à quelques nobles âmes, du moins l'oubli des peines. Bien des philosophes, depuis Zoroastre, se sont essoufflés sans trouver cela[1].

---

[1] D'ailleurs, comme le dit un poëte, M. Jules Le Fevre :
« Tout est sérieux pour l'homme qui scrute et qui sonde : il y a, dans les charges de Teniers, autant de profondeur d'abs-

III.

ZAFT-LEVEN. — RYCKAERT. — AART. — BÉGA. ZORG. — TILBORG. — STEEN.

Brauwer et Teniers ont créé toute une famille de peintres de bambochades. Parmi les meilleurs héritiers il faut nommer Zaft-Leven, Ryckaert, Aart, Béga, Zorg, Steen. Cornille Zaft-Leven, né en 1612, excellait à peindre les soldats en gaieté

traction que dans les allégories transcendantes de Platon. C'est aussi une série d'emblèmes que ce panorama de caricatures, suscitées autour du saint par le jeûne fiévreux du plaisir. N'était-ce pas l'image de ses troubles charnels, qui, en se brisant, en se déchiquetant dans la guerre à mort qu'il se livrait, enfantait les monstruosités intarissables, que le satirique Flamand ressuscite? Ce Rabelais de la peinture nous montre ainsi distinctement de quels éléments impurs sont pétries les idoles, qu'on est si souvent tenté d'adorer. Ces carcasses de reptiles ne sont que la mise à nu des passions qui nous enlacent, et nous réduisent à ramper dans les marécages du vice, à y croupir jusqu'à extinction. Il n'y a pas une des plus hideuses marionnettes de ce drame burlesque, qui ne prêche aux yeux du penseur, une leçon aussi rigide que les plus sévères paraboles. La morale qu'on en peut tirer, c'est que, s'il ne faut pas céder à ses passions, il ne faut pas non plus les étouffer. Soyons-en le roi, jamais le bourreau. »

au corps-de-garde ou au cabaret. Il y a dans son talent un certain accent guerrier; on y entend le refrain du bivouac et les cris effarés des paysannes prises d'assaut. David Ryckaert, né en 1615, avait étudié sous son père; mais, une fois maître de son pinceau et de ses actions, il s'était renfermé dans un atelier où il avait réuni quelques tableaux de Brauwer, de Teniers et d'Ostade. C'étaient Socrate, Aristote, Platon, pour un philosophe. Avec ces trois manières, il s'en composa une qui fut très estimée. Mais plus tard il se passionna pour les diableries de Breughel d'Enfer; il ne composa plus que des scènes d'horreur. Il recherchait avec fureur le sang, le feu, les supplices et les tortures. On admire ses têtes et ses étoffes; il négligeait trop les mains; sa couleur fut tour à tour grise et lumineuse. Aart Van Maas, né vers 1620 à Gouda, fut naïf et vrai dans ses petits tableaux. C'est la nature qui parle et qui sourit. Il voyagea en France et en Italie, semant ses petits tableaux d'une main et recueillant de l'autre beaucoup d'argent. Cornille Béga fut le meilleur élève d'Ostade. Il était fils du sculpteur Begyn; il changea de nom par respect pour son père, car il menait la vie la plus

dissolue. Il mourut assez héroïquement : la peste
était à Harlem ; sa maîtresse était abandonnée de
tout le monde, même de sa famille, même des
médecins ; il voulut mourir avec elle. Il courut à
sa maison, se coucha dans son lit et mourut le
même jour. Cela vaut bien un de ses tableaux.
Henry Rokes, surnommé Zorg (1621-1682), peignit avec Teniers et imita Brauwer. C'est le même
esprit et la même couleur, avec moins d'accent et
d'éclat. Il a représenté des tabagies, des foires,
des marchés, des noces, qui ne pâlissent pas trop
devant les tableaux de ses maîtres. Ses intérieurs
de cuisine sont charmants avec leurs figures naïves. C'est Teniers pour l'enjouement, c'est Gérard
Dow pour la précision et le détail. Gilles Van Til-
borg était aussi de la même école ; mais, comme
Craesbeke, il promenait sa muse au coin des rues.
Quoiqu'un peu noire, sa couleur est assez belle
et assez gaie. Son dessin n'est que supportable ;
il lui manquait l'esprit de la touche. Cependant,
grâce à un certain air de franchise et de laisser-
aller, il est encore recherché aujourd'hui.

Le vrai peintre du cabaret, c'est Jean Steen, qui
ne peignit jamais qu'entre deux vins. Il naquit à

Leyde en 1635. Il étudia sous Brauwer et Van Goyen, le peintre de paysages marins ou aquatiques. Van Goyen lui donna sa fille en mariage. C'était un esprit original, qui, pour son malheur, avait suivi toutes les leçons de Brauwer, celles du cabaret comme celles de l'atelier. A peine marié, craignant de ne pouvoir vivre de son talent, il s'établit dans une brasserie à Delft. Il aurait pu s'y enrichir, mais il acheva de s'y perdre; le peintre n'était que dissipé, le brasseur devint ivrogne. En moins d'un an il était ruiné. Il pouvait tomber plus bas, il y tomba; de brasseur il se fit cabaretier. Quand sa femme lui demandait du pain pour ses enfants, il lui versait à boire. « C'était lui qui buvait le plus de son vin, dit Descamps; quand la cave était vide, il ôtait l'enseigne et s'enfermait chez lui, peignait à force, et, de quelques tableaux qu'il vendait bien, il achetait du vin qu'il buvait encore : tous les cabaretiers n'ont pas cette ressource. » La vie éclate dans ses tableaux. Il peignait habituellement ce qu'il avait sous les yeux : des buveurs ivres; cependant il avait en lui quelques lueurs de poésie élevée. Il a peint des tableaux d'histoire avec assez de no-

blesse : son dessin a du caractère et du mouvement, sa couleur est vive et charmante, quoique
un peu noire. Il s'est représenté lui-même, tantôt
mangeant des huîtres en compagnie de sa femme,
qui lui présente un verre de vin, tantôt présidant
une troupe de buveurs. Un des plus curieux est
celui où sa femme le prend par les cheveux et le
frappe avec une savate ; le peintre, habitué à ces
tendresses, se défend par un éclat de rire [1].

[1] J'ai vu ce tableau en Angleterre. Steen a plusieurs fois ré-
pété ce sujet burlesque, où il ne s'est pas toujours mis en
scène.

« Jean Steen s'était marié à une tripière. Celle-ci s'étant mise
en tête de se faire peindre par son mari et n'ayant jamais pu
obtenir cette grâce de lui se fit rendre ce service par un peintre
de Leyde. Son mari, à qui elle montra le portrait, le trouva très
beau, mais voulut y faire un léger changement. Il prend ses
pinceaux et coiffe sa femme d'un grand panier rempli de petits
pieds et de têtes de mouton. Le contraste de cette coiffure avec
l'accoutrement endimanché de cette femme était si comique,
qu'elle partit elle-même d'un grand éclat de rire et se corrigea
de sa vanité. Le caractère comique de Jean Steen lui suggérait
mille facéties et mille tours plaisants. C'était le Scarron des
peintres. Son nom a passé en proverbe en Hollande, de sorte
que l'on dit d'un tour burlesque et comique : C'est un tour de
Jean Steen. Ce peintre mourut si pauvre, qu'il fut enterré aux
dépens de ses confrères. » *Le Spectateur*.

XI.

PÉRIODE SUPRÊME DU RÉALISME.

REMBRANDT.

I.

La vie et la couleur éclatent dans Rubens; dans Rembrandt, ce qui éclate, c'est la pensée et la lumière. Rubens est un plus éblouissant artiste, ses poëmes sont des merveilles qui enivrent les yeux; Rembrandt est plus profond; il veut surprendre l'esprit tout en étonnant le regard.

On peut dire que, comme nation, la Hollande naquit de la réforme. En vain Philippe II voulut étouffer sous son pied les semences prospères.

Quand la raison a pénétré dans l'esprit d'un peuple, les forces brutales ne font que la répandre et la semer encore. En vain Philippe II mit en œuvre l'inquisition; non seulement avec l'inquisition il perdit la foi catholique, mais encore la Hollande. Après quinze années de luttes et de supplices, l'héroïsme et la raison triomphèrent, les Bataves se déclarèrent affranchis du joug. Leur république ne tarda pas à s'élever au rang des premiers royaumes. On ne saurait trop admirer ce peuple perdu sur la mer, luttant sans cesse contre l'Espagne et contre la mer elle-même. La liberté enfante des prodiges, quand elle est fécondée par l'amour de la patrie.

L'histoire de la philosophie ira consulter l'œuvre de Rembrandt comme l'un de ses documents les plus précieux. Un rayon de liberté couronne les têtes de ce grand maître. Ces hommes-là respirent fièrement sur la terre comme dans un royaume qui leur appartient; ils sont tous rois; ils sont loin, il est vrai, des visions extatiques qui entraînent l'âme aux pieds de Dieu, mais ils sont délivrés des chaînes serviles de la papauté et des craintes de l'inquisition.

La Hollande n'a jamais été rigoureusement papiste ; la réforme l'a trouvée toute réformée. C'est vers le nord que l'aube s'est levée. La scolastique seule, la scolastique, ce désert inhabitable pour la raison fécondante, mais parsemé de loin en loin de vertes oasis, avait lutté çà et là contre l'envahissement des papistes.

Ce que Dante et Pétrarque furent pour la poésie, Michel-Ange et Raphaël pour les arts, Bacon et Descartes pour la philosophie, Copernic et Galilée pour l'astronomie, Colomb et Gama pour la science du globe, Luther le fut pour la religion. Si Rembrandt a eu un maître, ce fut Luther.

Rembrandt avait très sérieusement foi en Luther. C'était pour lui un réformateur comme Mahomet, Jésus-Christ et Moïse. Il pensait que le catholicisme, par ses pompes et ses voluptés, n'était plus qu'une autre mythologie. Dieu, l'image invisible, était caché par les images des saints. Rembrandt rendait grâce à Luther, qui avait indiqué aux Hollandais les premiers rayons du jour nouveau, qui leur avait inspiré l'esprit de révolte, qui avait fait de ses frères des hommes libres et forts. Dieu est avec eux, mais ils osent respirer et s'épanouir sous le ciel qui leur sourit. L'esclave s'est fait homme. Quel merveilleux temps pour la raison, pour les penseurs, pour les philosophes ! C'est une période exubérante de génie : Agrippa, Bacon, Cherbury, Descartes, Spinosa, Gassendi, Pascal, Malebranche, Locke, Leibnitz, Wolf. Du reste, la philosophie était alors à son martyre plutôt qu'à son jour de gloire. On brûlait vifs, Bruno à Rome en 1600, Vanini à Toulouse en 1619; on allait bientôt brûler Kuhlmann à Moscou; les autres mouraient de faim dans l'exil.

Rembrandt fut un peintre philosophe qui étudia l'art et la vie dans la nature et dans la création, peu ou point dans les livres et dans les musées. Il ne devint pas, comme on le pense trop, un grand peintre sans le savoir; il disait très bien que celui qui imite Homère n'imite pas l'Iliade. Il ne voulait pas devenir illustre dans le chemin de ses devanciers : il voulait monter sur l'âpre montagne par un point inconnu. Il étudia les principes et la philosophie des arts : chez les Italiens, c'est l'imagination et le sentiment qui les emportent jusqu'au génie; chez Rembrandt, c'est la pensée et l'analyse. Les Italiens sont plus éloquents, Rembrandt est plus profond.

Les Flandres ont autant servi l'art que l'Italie; Raphaël n'a pas créé un peintre, il en a désespéré mille : chez l'un, c'est le monde connu, c'est le dernier mot, le couronnement de l'œuvre ; chez Rembrandt, l'intrépide et magique coloriste, c'est encore le commencement du monde. C'est une aurore nouvelle qui éclaire l'art.

Rembrandt naquit le 15 juin 1606, trente ans après Rubens, entre les villages de Leyerdorp et de Koukerck, près de la ville de Leyde, de Hermann Gerretz et de Cornélie Van Zuitbroeck. Tout le monde sait que son père était meunier sur les bords du Rhin : de là le surnom de Van Rhin. Comme le père de Breughel le Drôle (ces exemples sont trop rares pour ne pas s'y arrêter), le meunier de Leyde voulut que son fils fût un savant ou un artiste. Il l'envoya étudier le latin à Leyde. Après quelques années d'études presque stériles, le jeune homme, qui n'aimait ni l'école ni les pédants, obtint de son père qu'il serait peintre et non point savant. Déjà il avait prouvé par ses dessins charbonnés sur tous les murs de la mai-

son paternelle, crayonnés sur tous ses livres,
qu'il était né pour l'art. Le meunier plaça son fils
chez un peintre sans génie, Jacques Van Zwaanenburg, qui lui enseigna du moins l'alphabet de la
peinture ; après trois ans passés à l'atelier de Van
Zwaanenburg, Rembrandt alla à Amsterdam demander des leçons à Latsman d'abord, à Pinas
ensuite. Dans la *Description de la ville de Leyde*,
Simon Leeven veut que George Van Schooten
ait été le vrai maître de Rembrandt. Ce n'est pas
trop la peine de discuter sur ce point : Rembrandt
n'a eu qu'un maître, ce fut Rembrandt.

En effet, bientôt fatigué de toutes ces leçons
contradictoires qu'il avait subies sans trop se plaindre à Leyde et à Amsterdam, il revint au moulin
de son père, déclarant qu'il n'aurait plus d'autre
atelier. Il comprenait que pour les hommes d'une
forte trempe la nature était seule éloquente. Ce fut
donc dans cet atelier en plein vent qu'il commença
à dérober au ciel cette lumière magique qui est
l'âme de sa peinture. Celui qui devint avare jusqu'au ridicule fut d'abord un artiste amoureux
de son art, sans songer à l'or qui tomberait bientôt de sa palette. Il peignait pour peindre, sans

autre passion. A l'âge où tant d'autres se hâtent d'attirer les yeux sur leur talent, il trouvait de la volupté à vivre seul loin de tous, adonné aux lois austères de l'art. Mais un homme de génie est-il seul en face de l'œuvre de Dieu? N'est-ce pas plutôt les hommes qui lui font la solitude?

Pendant qu'il étudiait par les yeux et par la pensée, tantôt errant sur les rives mouillées du Rhin en contemplation devant les trames invisibles du drame éternel, tantôt dans l'intérieur du meunier, s'amusant des jeux de la lumière sur les rudes et franches figures de sa famille, tantôt, la palette en main, répandant la vie avec éclat, les peintres de Leyde et d'Amsterdam, qui avaient deviné son génie, le proclamaient d'avance comme une nouvelle étoile au ciel de l'art. Rembrandt ne croyait pas encore à lui-même, pareil aux maîtres sérieux, qui considèrent le génie avec respect et avec effroi. Un peintre, on ne dit pas son nom, voyant un de ses tableaux [1], lui conseilla d'aller le vendre à La Haye, pour lui prouver que

---

[1] On croit qu'il représentait *la Femme adultère*. Vers le même temps, il peignit une *Fuite en Egypte* dans un admirable paysage, d'un grand effet jusque-là inconnu.

son talent serait apprécié. Rembrandt alla à La Haye à pied, son tableau sous le bras, doutant encore de ses forces. Il se présenta chez un amateur, qui lui offrit à première vue cent florins. Rembrandt prit avec surprise les cent florins et retourna en toute hâte au moulin raconter sa fortune.

Dès ce jour, il faut bien le dire, l'amour de l'argent vint passer dans ses rêves d'artiste. Sa famille était pauvre. Sans doute il enviait un peu le sort des beaux gentilshommes de Leyde, qui venaient se promener sous son moulin en pourpoint de velours, coiffés d'un feutre à plumes, portant des armes d'or et d'argent. Peut-être songea-t-il à secourir son père et sa mère, à donner à l'un le repos, à l'autre quelque dentelle ou étoffe de prix ; peut-être aussi aima-t-il d'abord l'argent pour l'argent. Pourtant il était déjà riche par les tableaux qu'il allait faire quand il épousa une jeune paysanne de Rarep ou de Ransdorp, qui n'avait rien que sa beauté, sa fraîcheur et sa gaieté. Ce n'est point là le mariage d'un avare.

Il s'était établi à Amsterdam ; il y avait ouvert un atelier silencieux où chaque élève avait un cabinet. Sa manière d'enseigner était nouvelle à Amsterdam : devant l'écolier qui n'avait pas encore dessiné, il plaçait un modèle vivant et lui disait : « Voilà ton maître, tire-toi de là comme tu pourras. » Il conserva toujours ses allures et son langage rustiques. En vain il se couvrait d'armures et de chapeaux à plumes, le paysan des bords du Rhin ne se masquait jamais ou se trahissait toujours.

Il faut qu'ici-bas chacun ait sa folie ; c'est une loi divine qui frappe éternellement l'humanité. Rembrandt eut donc la folie de l'argent. Cette folie, qui n'eut d'abord que des airs de caprice et de bizarrerie, devint peu à peu sombre et sérieuse. On a tenté de révoquer en doute l'avarice de Rembrandt ; par amour du paradoxe, on a même voulu prouver qu'il était prodigue comme le sont presque tous les artistes. On s'est appuyé sur l'autorité de Houbraeken, qui affirme n'avoir jamais entendu dire que Rembrandt eût laissé un grand bien. Mais Houbraeken lui-même, parlant des repas de Rembrandt et du prix de ses tableaux, ne montre que trop ses contradictions. En effet, selon lui, le grand peintre de Leyde dinait assis

sur un escabeau, tantôt avec un hareng salé,
tantôt avec un fromage. On peut juger, d'après
les portraits et les tableaux qu'il a laissés de sa
femme et de son intérieur, qu'il n'avait de luxe
que dans son talent. Il fuyait le monde avec
effroi ; en vain le bourgmestre Six cherchait à lui
prouver qu'il était né pour les honneurs, qu'une
gloire telle que la sienne perdait à se tenir cachée
dans l'ombre de l'intérieur ; il amassait l'or avec
volupté, il persistait à ne s'amuser qu'en la compagnie des gens du peuple, plus émerveillé d'un
trait naïf ou spirituel, parti du cœur ou du cabaret, que des discours éloquents appris dans les
livres. Il était du peuple, il ne respirait la liberté
qu'avec le peuple. On lui a fait un reproche de sa
façon de vivre. Si son talent était à tous, sa vie
était à lui-même ; il ne devait compte que de son
talent. On lui a reproché de n'avoir pas voulu
sortir de son pays. Tous ses contemporains re-
grettaient de ne pas le voir faire un pèlerinage en
Italie. Ce reproche n'est pas injuste comme l'autre, il est ridicule [1]. Est-ce qu'en saluant le génie

---

[1] Rembrandt aurait été un plus grand peintre si Rome avait

de Rembrandt on a le droit d'en désirer un autre,
quand Léonard, Michel-Ange, Raphaël et Corrége, avaient pour ainsi dire fermé tout espoir aux
peintres futurs? Honnis soient les esprits insa-
tiables qui oublient que le seul grand maître qui
a rassemblé sous sa main puissante toutes les faces
de l'immortelle beauté s'appelle Dieu !

Rembrandt avait voulu arriver au génie sans
s'appuyer sur le génie des autres. Il avait réuni
sur les murs de son atelier des armures, des tur-
bans, des étoffes persanes, des armes de prix,
des pierres précieuses : « Ce sont là mes antiques, »
disait-il.

C'était un esprit bizarre et libre, qui n'était
esclave de qui que ce fût, pas même de sa passion pour l'or. Un jour qu'il peignait une famille
noble dans un seul tableau, on vint lui annon-
cer la mort d'un singe qu'il aimait beaucoup. Il
ne peut contenir sa douleur; il s'irrite contre le

été sa patrie ou s'il en avait fait le voyage; il n'a dû son talent
qu'à la nature et à son instinct, et il aurait appris à trouver,
sans se méprendre, le beau dont il s'est toujours écarté. S'il en
a quelquefois approché, c'a été moins par réflexion que par hasard. » DESCAMPS.

sort, il dit que c'en est fait de lui. Tout en san-
glotant, il trace à grands traits la figure du singe
sur le tableau de famille. On lui fait des remontrances, on lui dit que son singe est déplacé au
milieu de graves personnages ; toute la famille
s'indigne et lui ordonne d'effacer l'animal. Il con-
tinue à pleurer et à peindre son singe. Le chef
de la famille lui demande d'un ton sévère si
c'est le portrait des siens ou d'un singe qu'il
prétend faire. « C'est le portait du singe, ré-
pond Rembrandt. — Eh bien donc ! vous gar-
derez le tableau. — J'y compte bien, » réplique
le peintre [1].

Il riait lui-même de sa folie pour l'argent. Il
ne se fâchait pas quand d'autres en riaient. Ainsi,
on raconte que ses élèves ont peint des pièces

[1] La vie de Rembrandt est semée de pages pittoresques.

« Il avait une servante extrêmement babillarde : après avoir
peint son portrait, il l'exposa à une fenêtre où elle faisait souvent de longues conversations. Les voisins prirent le tableau
pour la servante même, et vinrent aussitôt dans le dessein de
discourir avec elle ; mais étonnés de lui parler pendant plusieurs
heures, sans qu'elle répondît un seul mot, ils trouvèrent ce silence fort singulier et s'aperçurent enfin de leur erreur. »

C'est toujours l'histoire des oiseaux qui allaient becqueter les
raisins du peintre grec.

de monnaie sur des cartes répandues, comme par mégarde, dans l'atelier. Rembrandt s'y laissait prendre, et tendait la main avec une avidité comique et furieuse. Cependant, pour assouvir sa passion, il perdait toute noblesse; il avait un fils; il l'obligeait à vendre ses estampes, comme s'il les lui eût dérobées; il le condamnait à aller dans les ventes publiques surenchérir sur ses tableaux : singulière et triste éducation du fils d'un homme de génie! Il jouait comme Teniers, comme beaucoup d'autres, la comédie de la mort pour ranimer le zèle des amateurs, ou bien il simulait un long voyage : il parlait de s'exiler aux Grandes-Indes, ou bien encore il changeait quelques traits à une gravure pour la vendre à ceux qui déjà l'avaient achetée. Ainsi vivait cet homme si original et si fort, le vrai roi de la Hollande, comme Rubens est le vrai roi de la Flandre.

On a quelque peine à se représenter un pareil génie, perdu, pour ainsi dire, dans une mine d'or, vivant dans son intérieur et étranger aux joies de l'intérieur. Van Dyck demandait la fortune à l'alchimie, Rembrandt demandait l'or à l'or lui-même. Ironie de l'esprit souverain qui avait laissé tomber sur eux un rayon de sa gloire! Dans la vie de chaque grand artiste, on pourrait trouver l'amour de l'or. Zeuxis ne faisait-il pas payer tous les curieux qui venaient voir la fameuse Hélène [1]?

II.

Rembrandt travailla jusqu'à son dernier jour, en 1674; il mourut, comme on voit, âgé de soixante-huit ans, laissant un fils, Titus Rembrandt, qui n'hérita point de son génie.

Nous n'essaierons pas ici de détailler l'œuvre de Rembrandt; on l'a fait en un volume avec supplément, en omettant beaucoup encore; nous essaierons de porter avec respect un jugement sur ce grand homme, une des sept gloires de la peinture [2].

Du moulin de son père au tombeau, sa vie

[1] On sait qu'elle fut surnommée la courtisane, parce que tout le monde la voyait pour de l'argent.

[2] Léonard, Michel Ange, Raphaël, Corrége, Titien, Rubens, Rembrandt. Pourquoi ne pas aller jusqu'à huit et nommer Le-

ne fut guère variée. Il vivait enfermé en lui-même, ébloui de ses œuvres, parcourant jusqu'à la fin le monde inconnu qu'il avait découvert dans l'art. Sans doute, enivré de gloire et d'or, il ne retrouva pas à Amsterdam un seul des beaux jours que Dieu lui avait donnés à vingt ans dans le poétique moulin aux ailes légères qui était sa stalle d'orchestre au grand drame de la création; mais, dans sa simplicité naïve, sa femme lui fut toujours aimable. Il respirait autour d'elle le parfum doucement agreste des prairies de la maison natale.

Chez Rembrandt, le style, c'est l'homme. La pensée de Buffon s'appliquerait plus volontiers aux peintres qu'aux poëtes. Il y a dans la tête de Rembrandt quelque chose de sombre et de lumineux, d'abrupt et de fier, de naïf et de dédaigneux, une ligne douteuse, mais une couleur splendide. Il est étoffé comme son talent; il aime les chaînes d'or, les pendants d'oreilles, les pierres précieuses, les dentelles et les guipures, le ve-

sueur, qui, pareil à Corrége et à Rembrandt, doit tout ce qu'il a donné à lui-même? Pourquoi ne pas nommer aussi Poussin? ou plutôt pourquoi compter?

lours et la soie, tout ce qui séduit les yeux. Il s'est le plus souvent coiffé d'une toque de velours qui répand l'ombre sur son front : cette ombre, c'est la pensée. Il portait ses moustaches un peu sauvages et ses cheveux bouclés [1], laissant à la nature tous ses droits comme dans ses tableaux.

Rembrandt est l'une des plus robustes individualités qui aient passé dans le monde des arts. Si la peinture n'eût été découverte, il l'aurait inventée. Venu après la période des chefs-d'œuvre italiens et flamands, un homme moins fort se fût contenté d'expliquer, pour ainsi dire, quelque maître connu. Il voulut à son tour posséder la clef d'or du génie. La vérité fut sa religion, la lumière sa poésie. Il fut vrai et rayonnant.

Hardi dans son art jusqu'à l'insolence, il avait banni les règles consacrées par l'exemple des maîtres. Il peignait à sa fantaisie, tantôt commen-

---

[1] Dans la gravure d'Eisen, il est encadré entre un portrait d'ami et un philosophe qui médite dans le demi-jour. On voit d'un côté sa palette, de l'autre sa pointe sur une eau-forte ébauchée. Qui n'a vu l'eau-forte où il s'est gaiement représenté lui-même avec sa femme ?

çant par où les autres finissent, tantôt finissant
par où les autres commencent. Ses portraits magiques ont un si grand relief parce qu'il semblait
plutôt modeler que peindre. On cite de lui une
tête où le nez était presque aussi saillant que celui
du modèle. Cette façon de faire n'était pas du goût
de tout le monde; Rembrandt s'en embarrasse
fort peu; il dit un jour à quelqu'un qui approcha
de très près pour voir ce qu'il peignait : « Un tableau n'est pas fait pour être flairé; l'odeur de la
couleur est malsaine. » Il disait aussi à ceux qui
lui reprochaient de faire de la peinture raboteuse :
« Je suis peintre et non teinturier. » Ces deux
mots sont deux leçons immortelles. Par son admirable science du clair-obscur, il a produit dans
chacun de ses tableaux quelque effet éclatant. Il
était si sûr de son pinceau et de sa palette, qu'il
plaçait chaque ton à sa vraie place, d'un seul coup,
sans être obligé d'y revenir et de le fondre avec
d'autres. De là cette fleur si fraîche de coloris. Il
se contentait, pour adoucir les teintes et lier les
lumières aux ombres, de quelques glacis légers
qui faisaient l'harmonie sans altérer la virginité
des couleurs.

Tout penseur qu'il fût, il était souvent sans élévation. Quelques-uns de ses tableaux d'histoire ne sont que de suprèmes mascarades : c'était Véronèse et Basan en Hollande [1]. Cependant il ne faudrait pas ici prononcer un jugement absolu : ainsi la *Descente de Croix*, *Tobie prosterné devant l'ange*, la *Résurrection de Lazare*, le *Triomphe de Mardochée*, l'*Adoration des Mages*, *Jésus à Emmaüs*, sont de sérieux chefs-d'œuvre animés de lueurs exquises, éclairés çà et là d'un rayon divin. A force de vérité, Rembrandt devient sublime comme d'autres

[1] Basan n'a introduit dans ses tableaux que des paysans des districts de Bassan, auquel il a donné les noms de patriarches et de prophètes. Les ouvrages des peintres hollandais tiennent encore plus du local : leurs tableaux d'histoire ne sont, à proprement parler, que leurs propres portraits, et soit qu'ils représentent l'intérieur ou l'extérieur des maisons, on y voit toujours le peuple du pays occupé à travailler, à boire, à jouer ou à se battre. Les détails des tableaux de cette espèce sont si éloignés de donner une idée générale de la vie de l'homme, qu'ils ne représentent que tous les petits détails de la vie privée d'une nation, dont les mœurs diffèrent, à plusieurs égards, de ceux des autres peuples du monde. Les peintres de cette école méritent néanmoins quelque éloge, et ont atteint la perfection dans leur génie. Ils deviennent seulement ridicules quand ils veulent traiter l'histoire d'après leurs principes bornés, et lorsqu'ils dégradent de grands sujets par le caractère commun qu'ils donnent à tous leurs personnages. » REYNOLDS.

à force d'élévation et d'idéal. J'ai vu à Venise[1]
une Madeleine de ce maître qui est un chef-d'œuvre
d'expression et qui contraste singulièrement avec
toutes les Madeleines des maîtres italiens. C'est
une belle et simple Hollandaise; mais pour ce sublime poëte n'y a-t-il pas des modèles dans tous
les pays? Si elle n'est pas belle par la grandeur
des lignes, elle est belle par la douleur et par le
repentir (douleur et repentir de la première fille
venue; mais pourquoi faire toujours de Madeleine
une femme trop illuminée des splendeurs du Christ,
un poëte par le cœur, une Sapho chrétienne
chantant ses péchés plutôt qu'elle ne les pleure?).
Cette Madeleine de Rembrandt, on voit bien qu'a-
vant de lever les yeux au ciel elle a aimé les
hommes de la terre; on voit bien qu'elle a pleuré
de joie avant de répandre ces belles larmes que le
génie a cristallisées. Elle n'est pas nue comme ses
sœurs; on la voit à mi-corps et de face, habillée
en Hollandaise; elle montre une main admirable
comme les faisait Rembrandt en ses jours de bonne
volonté[2]. Elle vit encore de la vie humaine par

---

[1] Couvent de Sainte-Marie-du-Salut.
[2] Il sentait si bien son incapacité à dessiner les mains, qu'il

le cœur, qui est l'orage de la créature ; toutes les passions qui l'ont agitée sur la mer des dangers sont à peine assoupies dans son sein.

La Vénus du musée du Louvre pourrait servir de pendant à cette Madeleine. C'est toujours une Hollandaise habillée des pieds à la tête (Rembrandt habillait même les anges). Elle est belle par l'éclat de la vie, par la sève et par la force ; elle est même belle, si on peut parler ainsi, par la beauté. Dieu n'en a pas créé de plus victorieuses dans toute la Hollande. Elle a un Amour auprès d'elle ; on lui en donnerait vingt sans épuiser ses lèvres ardentes et savoureuses[1].

Quand le sculpteur grec eut créé Mars et Vénus, il put tomber agenouillé devant son œuvre en s'écriant : « Voilà la beauté dans sa force et sa

les cachait le plus qu'il pouvait. » Ainsi parle Descamps. C'est d'une grande injustice. Quand Rembrandt faisait un portrait, c'était le plus souvent en toute hâte. Pourquoi se fût-il attardé en peignant des mains inutiles ? S'il cachait les mains, c'était par paresse et non par impuissance. Du reste, Descamps se contredit, selon sa coutume : « J'ai vu de ses tableaux où quelques traces de brosse qu'on ne distingue pas trop de près représentent, à une certaine distance, des mains peu décidées, mais qui font autant d'effet que si le peintre y eût mis plus de sollicitude. »

[1] Cette Vénus n'est pas le portrait de sa femme, mais la rap-

grâce ! » Avait-il pris la beauté dans la nature? Il avait rêvé la beauté sur des images imparfaites de la beauté; il s'était élevé sur la nature jusqu'à l'Olympe. Quand Zeuxis peignit Hélène, il rassembla sous ses yeux cinq jeunes filles d'une beauté sévère et charmante; mais l'Hélène de Zeuxis fut jugée plus belle qu'aucune des jeunes filles. Cette histoire n'est qu'une allégorie d'un grand enseignement. Choisir la beauté dans la beauté elle-même, n'est-ce pas s'élever à l'idéal tout en demeurant le pied sur la terre? Platon ne veut pas qu'un peintre ou un sculpteur se contente de copier la plus belle femme qui ait passé sous ses yeux; selon lui, un tel artiste ne reproduirait qu'un fragment de la beauté. Aristote dit que les grands maîtres, tout en étudiant avec précision les formes humaines, les font cependant plus belles, parce qu'ils représentent leur caractère bien plutôt d'après le beau individuel. Buffon, qui n'était pas artiste à la manière des peintres ou des sculpteurs, mais qui comprenait aussi la beauté sinon dans les

pelle Du reste, sa femme posait habituellement pour ses Vénus et ses Madeleine

arts, du moins dans la nature, a écrit quelque
part : « Les anciens ont fait de si belles statues,
que, d'un commun accord, on les a regardées
comme la représentation exacte du corps humain
le plus parfait. Ces statues, qui n'étaient que des
copies de l'homme, sont des *originaux*, parce que
ces copies n'étaient pas faites d'après un seul in-
dividu, mais d'après l'espèce humaine entière bien
observée. » N'est-ce pas là un hommage éclatant
rendu à l'art par l'éloquent auteur de l'histoire de
la nature? Ainsi Dieu a éparpillé la beauté, l'artiste l'a réunie.

Mais, dans la recherche du beau, il n'y a pas
seulement la sévérité de la ligne et la grâce du
contour. Le vase d'or le mieux sculpté n'est-il pas
celui de l'autel d'où s'échappe un jet des flammes
divines? L'histoire de Prométhée dérobant le feu
du ciel n'est encore qu'une sublime allégorie. La
beauté se forme de divers éléments, parce qu'elle
est la beauté plastique, la beauté morale et la
beauté intellectuelle, parce que l'artiste a dû tour
à tour caresser avec la même ferveur les muscles
d'Hercule, les lèvres savoureuses de Vénus ou de
Madeleine, la tristesse poétique de Psyché et le

front pensif de Minerve. Rembrandt caressait tour à tour le front de Minerve et les lèvres savoureuses de Madeleine ou de Vénus. Sa beauté idéale, c'était la pensée et le rayonnement : l'homme qui pense, la femme qui s'épanouit.

Ce grand peintre aimait trop éperdument les jeux de la lumière dans l'obscurité. A Munich, il a un *Crucifiement* par un temps orageux, une *Mise au tombeau* sous une sombre voûte, une *Résurrection* au milieu de la nuit, une *Nativité* devant une lampe, une *Ascension* qu'illuminent les rayonnements du Christ ; mais ces effets de clair-obscur, ces magiques oppositions de jour et de nuit, ne font pas tout le génie du peintre. Ceux qui nient son expression et son style, s'ils étaient demeurés contemplatifs devant ces œuvres étranges, auraient senti que son génie ne triomphait pas seulement par la magie de l'exécution. Son âme n'est-elle pas visible dans sa couleur ? Il y a toujours sous une apparence grossière et même çà et là grotesque, un profond sentiment humain. Il est loin de l'idéal chrétien, des figures détachées des fonds d'or du Giotto ou des paysages austères du Pérugin ; mais il a sa foi comme les artistes les plus pieux du moyen-âge et de la renaissance. Il aime la nature sous quelque face qu'elle se présente. Elle est horrible; qu'importe! c'est la nature, une chose sainte et sacrée. S'il a perdu la poésie de l'esprit, n'a-t-il pas celle du cœur? Il proteste par l'éclat et l'exubérance contre la tombe entr'ouverte où les chrétiens nous enterrent même dans la vie.

Le panthéisme doit reconnaître Rembrandt pour son peintre souverain. Après l'Idéal antique, après l'Idéal chrétien, il trouva l'Idéal terrestre, l'Idéal de la raison qui voit par l'œil simple. Dans l'œuvre de Rembrandt on dirait qu'il a voulu supprimer le ciel; il a pris du limon à ses pieds, et, comme un autre créateur, il a sculpté la personnalité humaine avec respect et avec amour [1]. Oui, il y a loin de là aux fonds d'or des Byzantins qui fuyaient la terre et craignaient d'y mettre le pied! C'est un nouveau monde, un monde dans les ténèbres : la lumière de Rembrandt n'est-elle pas

[1] Les cinquante portraits qu'il a laissés de lui-même ne prouvent-ils pas tout son zèle à proclamer l'œuvre du Créateur, la royauté de l'homme? C'était là sa religion. Du reste, quand il met en scène la sublime tragédie du christianisme, n'a-t-il pas une éloquence toute biblique?

celle qui jaillit des ténèbres? C'est l'aube encore douteuse d'un jour nouveau qui sera éclairé par les orages du doute. Quel poëme plein de terreur et de mystère! C'est la pensée humaine qui se reconnaît libre et va se briser aux tempêtes futures! Les sombres philosophes de Rembrandt, ceux qu'il a animés de ses rêves et de ceux de Luther, sont plus tristes que les martyrs de Ribeira. Ils ont l'avenir, ils y vont librement, ils sont maîtres du monde; mais que trouveront-ils dans l'avenir et que leur réserve le monde? Ils ont brisé leurs chaînes; mais c'étaient des chaînes d'amour, des chaînes de lys et de roses tombées du rivage sacré. Les philosophes de Rembrandt, tous nés du protestantisme, semblent se dire tristement : « Je suis libre, mais je ne suis qu'un homme. Je puis aller, mais où vais-je? »

Rembrandt trouva presque en même temps son génie de portraitiste, de graveur et de paysagiste. A vingt-cinq ans, il avait toute sa force; depuis cet âge jusqu'à sa mort, il changea çà et là sa manière, mais tout en conservant sa chaude et vigoureuse empreinte. Soit que son travail fût très étudié, soit qu'il peignît avec la rapidité de la foudre, soit qu'il créât un philosophe ou une paysanne, un intérieur hollandais ou un tableau biblique, c'était toujours le même génie viril, solide, éclatant.

Rembrandt fut aussi grand coloriste dans la gravure que dans la peinture. Sa pointe, c'était encore son pinceau tout baigné d'ombre et de lumière. On reconnaît la même touche et le même esprit. Il n'a pas plus imité les graveurs ses devanciers qu'il n'avait fait des peintres; aussi est-il plus vigoureux et plus chaud[1]. On peut hardiment parler des teintes de sa pointe. Ses descentes de croix, ses portraits, ses sujets religieux et profanes, ses paysages, sont d'un effet magique par l'expression, l'énergie et la couleur.

On peut admirer Rembrandt dans tous les mu-

[1] « Rembrandt n'a jamais voulu graver devant personne; son secret était un trésor et il était avare. On n'a jamais deviné de quelle manière il commençait et finissait ses planches; tout ce qu'on a su, c'est qu'à peine avait-il fait le trait et donné quelques ombres qu'il faisait tirer un nombre d'épreuves. Il mettait de nouveau le vernis sur sa planche et en augmentait le travail; cela se faisait jusqu'à trois ou quatre fois. Lorsque la planche était usée, il ébarbait les fonds et changeait les effets, en sorte que la partie qui avait été ombrée devenait claire : cette dernière transposition n'a pas toujours réussi; les épreuves de quel-

sées d'Europe, mais c'est à La Haye et à Amsterdam qu'il faut aller saluer son génie. *La Leçon d'anatomie* [1] et *la Ronde de nuit* sont l'expression la plus vive et la plus éloquente de ses deux manières. A vingt-cinq ans, il peignit *la Leçon d'anatomie* avec la science, la sobriété, la précision, la touche cachée d'un maître qui n'a plus rien à apprendre de l'art. C'est un chef-d'œuvre dont nul détail ne trahit une main de vingt-cinq ans. Plus de douze ans après, le jeune homme s'était fait homme, il peignit *la Ronde de nuit*. Alors il déploya toute la fougue, toute la témérité, toute l'exubérance de la jeunesse. Il rebroussa chemin à l'âge où tant d'autres continuent à marcher devant eux. Il ressaisit sa jeunesse et la jeta toute

ques-unes en sont grises, approchant de la manière noire. Il ne calquait guère ses dessins, de peur d'en refroidir l'esprit. » DESCAMPS.

[1] *La Leçon d'anatomie* représente le docteur Tulp devant un cadavre baigné d'ombre et de lumière, entouré de sept personnages distingués qui l'écoutent avec une attention suprême. Rien n'est plus simple, mais rien n'est plus saisissant. Ce corps blanc comme le marbre des tombeaux, ces hommes vêtus de noir, à barbe blonde, à figure intelligente, se gravent pour jamais dans l'esprit. *La Ronde de nuit* est une simple convocation de la garde nationale. Le tambour surprend ces bons Hollandais. Pour animer cette scène, Rembrandt a choisi l'instant où ils s'élancent à

étincelante, pleine de vie féconde, audacieuse comme un lion qui secoue sa crinière.

Rembrandt est un poëte sombre, étrange, hardi, bizarre, romanesque. Il joue ses drames sur un fond noir; il aime le mystérieux jusqu'à la fantasmagorie. C'est un poëte né de son temps, comme Shakespeare. Il aime mieux les hardiesses insensées que les beautés connues. La vie tombait de sa palette comme le blé sous la faux, comme l'eau jaillit du rocher, comme la lumière ruisselle du soleil. Il prenait la nature corps à corps et luttait avec elle en intrépide. Il osait être trivial, presque monstrueux. La poésie est partout pour le poëte. Il ne reculait devant aucune laideur vivante; mais sous sa main féconde tout prenait une expression fantasque et grandiose. Oui, celui-là a son idéal et son style dans le monde de l'Art. Il est vrai de point en point, mais avec un accent éloquent. Oui, il a son idéal familier, visible dans

demi habillés, l'un boutonnant son pourpoint, celui-ci mettant ses gants. C'est le triomphe du mouvement et du désordre.

Parmi les chefs-d'œuvre de Rembrandt il faut citer aussi sa *Descente de croix*, la *Résurrection de Lazare*, les *Vendeurs chassés du temple*, l'*Adoration des Mages*, la *Mort de la Vierge*.

le caractère formidable de sa peinture, dans la profondeur pensive de ses têtes, dans la bizarrerie de ses ajustements, qui ne sont d'aucun temps ni d'aucun pays, dans ses effets de clair-obscur, dans sa touche magistrale couronnée de chaudes vapeurs d'or et d'argent, dans sa manière hardie de distribuer l'ombre et la lumière. Winckelmann, qui pleurait d'admiration devant l'Apollon du Belvédère, demeurait rêveur tout un jour devant un tableau de Rembrandt.

Le génie de ce grand artiste est presque inexplicable ; il est à la fois brutal et délicat, heurté et harmonieux, farouche et tendre. Quel chaos, mais quelle lumière ! quel tumulte, mais quelle gravité ! quelle crinière flamboyante de lion, mais quels sourires de paix ! Quel amour voluptueux des ténèbres et des rayons ! quelle audace aveugle et quelle sagesse raisonnée ! quelle modération dans la force ! Il est fougueux jusqu'à la furie, original jusqu'à l'extravagance ; mais comme au milieu de toutes ces fantaisies et de toutes ces témérités il demeure en pleine vérité, le pied cloué sur la terre, dans sa fierté dédaigneuse et sauvage !

Rembrandt a égalé la puissance de la nature [1] ; comme elle, il a répandu d'une main large et féconde la vie sur ses œuvres. Rembrandt n'a pas imité par l'imitation, mais par la création ; il s'est élevé jusqu'au prodige.

Ne pourrait-on pas comparer Rembrandt à un comédien qui arrive à l'improviste sur le théâtre, affublé d'un costume invraisemblable, comme pour jouer la comédie? On le trouve si original, si franc, si bizarre, qu'on sourit et qu'on se promet de rire beaucoup de sa comédie. Mais peu à peu sa figure s'éclaire d'un rayon magique, on l'écoute, on ne rit plus : ce n'est pas la comédie, c'est le drame qu'il joue, un drame sombre et gai, le drame humain, comme Shakespeare. Il est si éloquent dans ses haillons, si trivial sous sa toque de velours, si poétique et si pittoresque dans son franc parler tout semé d'images bibliques et plébéiennes, qu'il vous étonne, vous transporte et vous donne le vertige.

[1] Comme a dit Schlegel, la nature, c'est la force primitive et infinie d'une création et reproduction inépuisables : φύσις de φύω, de *natura nasci*. Rembrandt, c'est aussi la force primitive et infinie.

L'inspiration, c'est le rayon sacré qui part du sein de Dieu et qui va frapper le cœur ou l'esprit des poëtes et des artistes. Ce rayon a traversé les brumes du pays de Leyde pour illuminer Rembrandt et son œuvre. Comme Phidias et Michel-Ange, Rembrandt, le Phidias et le Michel-Ange de la Hollande, a pénétré dans le monde des penseurs ; mais, au lieu de lever ses yeux éblouis vers les cimes inaccessibles, il est demeuré religieusement attaché à la terre, sa vraie patrie.

III.

GOVAERT FLINCK.—BARTHOLOMÉ VAN DER HELST. FERDINAND BOL. — GERBRAND VAN DER EECKHOUT. LÉONARD BRAMER. — JEAN FICTOOR. NICOLAS MAAZ.—SALOMON KONING.—VAN MOOL. SAMUEL VAN HOOGSTRAETEN.—KNELLER.

Rembrandt est un chêne formidable dont les rameaux pleins de sève exubérante couvrent tout le domaine de l'art en Hollande ; il a même un peu mis à l'ombre les grands peintres qui étaient venus avant lui, Enghelbrechtsen, Lucas de Leyde, Hemskerke, Schooreel.

S'il n'a pas eu d'héritier dans son fils, il en a eu un grand nombre parmi ses élèves, dignes de porter à des degrés divers cet imposant héritage. Tout ce qu'il y a eu de peintres en Hollande après Rembrandt doit un rayon à ce fier et robuste génie.

Govaert Flinck, né en 1616 et mort en 1660, est un vrai disciple de Rembrandt; il en a la touche tour à tour fondue et heurtée; il en a la sombre mélancolie. Il eut à subir dans sa jeunesse l'opposition brutale d'un père inintelligent, qui voulait à tout prix que son fils fût marchand de soie. Il étudia chez Lambert Jacob. Bientôt, attiré par le génie de Rembrandt, il alla lui demander des leçons. Flinck fut presque subitement proclamé un grand peintre; en peu d'années il put faire sa fortune. Il épousa une jolie fille qui mourut trop jeune, lui laissant un fils. Le chagrin qu'il ressentit de cette perte contribua à développer en lui ce sentiment de tristesse qui passe comme une ombre sur sa couleur. Il n'avait pas, comme Rembrandt, résisté aux avances des grands personnages d'Amsterdam ; tous étaient ses amis, mais il aimait beaucoup à vivre seul avec les souvenirs de sa jeunesse. Sur ses derniers jours, il ferma sa porte et brisa ses pinceaux. « Pourquoi ? lui demanda le bourgmestre Jean Six. — Parce que je suis peintre d'histoire et peintre de portraits, parce que j'ai vu les pages de Rubens et les portraits de Van Dyck. » On le supplia de reprendre sa palette ; il ne voulut jamais y consentir, renvoyant ceux qui lui demandaient des tableaux à Bartholomé Van der Helst.

Bartholomé Van der Helst fut-il un portraitiste de premier ordre ? C'est le naturalisme de Rembrandt, moins l'ombre répandue sur le front, moins l'exubérance de palette. Né à Harlem en 1616, il mourut à Amsterdam dans un âge avancé, sans avoir quitté sa patrie. Sa bonne figure souriante annonce une vie calme et douce, embellie par un peu de gloire et beaucoup d'orgueil. Kneller, le peintre, et Jean Vos, le poëte hollandais, ont vanté avec enthousiasme les portraits de Van der Helst. Son tableau capital est le *Repas donné par la garde civique* en commémoration de la paix de Munster. On a dit que c'était la merveille de la peinture hollandaise : c'est une maladresse. *La Ronde de nuit* de Rembrandt, qui est à cette heure en face de ce tableau, le condamne comme une œuvre secondaire, belle par l'ordonnance, par les draperies, par les détails, par la vérité, mais sans style et sans caractère.

Ferdinand Bol (1611-1681) égala presque Rembrandt, qui l'aimait beaucoup et qui disait lui-même que plus d'un portrait de Bol serait confondu avec les siens. L'éloge du poëte Vondel n'a guère de prix après celui-là. Quelques portraits de Bol sont fiers et vigoureux comme ceux du maître, quoique un peu plus clairs. Il y a cependant entre Rembrandt et Bol la distance du génie au talent.

Gerbrand Van der Eeckhout avait saisi la manière de Rembrandt, mais plus ardent imitateur des défauts que des qualités. Ses portraits sont d'une belle tournure, peut-être un peu théâtrale. C'était un artiste intelligent, ayant le regard profond et lumineux. Il aimait mieux peindre l'histoire que le portrait. Ses compositions sont riches et bien entendues; mais c'est toujours l'histoire au point de vue hollandais. Ses fonds sont plus clairs que ceux de Rembrandt; il est moins fier dans son expression. Né à Amsterdam en **1621**, il y mourut en **1674**. Personne n'a recueilli l'histoire de sa vie.

Léonard Bramer a étudié, sinon avec Rembrandt, du moins d'après ce maître. C'est le même goût pour l'histoire, c'est le même effet de palette. Il courut la France et l'Italie, excellant à peindre sur des vases d'or, d'argent et de marbre. Il revint en Hollande s'établir à Delft, où il peignit des petits tableaux d'histoire, le plus souvent sur cuivre. Le plus fameux en ce genre est *Pyrame et Thisbé*, tableau chanté par le poëte Smids. Il peignait aussi en grand, mais alors il perdait en vigueur et en esprit. Il était bon peintre de marines et de paysages. Ses dessins sont recherchés. Ce qui prouverait qu'il aimait l'argent comme son maître, c'est qu'il dessinait toujours, par économie, des deux côtés du papier. Né en **1596**, il mourut vieux, on ne sait en quelle année. Il avait une bonne et naïve tête de paysan.

Jean Fictoor est un grand peintre de l'école de Rembrandt, dont l'histoire ne s'est pas inquiétée. Où est-il né? quand vivait-il? Il est Hollandais à

n'en pas douter et vivait en 1640. C'est un véritable artiste, expressif et pittoresque, ingénu et
gai, à la touche large et grasse, excellant dans les
harmonies et les contrastes du clair-obscur. Il
peignit l'histoire, le portrait et la page familière.
Ce qui me charme en cet artiste si digne d'une
célébrité posthume, comme Hobbéma et tant d'autres de son pays, c'est sa gaieté naïve. Si Jean
Steen l'a rencontré, à coup sûr il lui a pris le bras
pour l'entraîner à son cabaret.

Nicolas Maaz, né à Dortreck en 1632, mort à
Amsterdam en 1695, peignit quelques bambochades, mais surtout des portraits à la manière
de Rembrandt. Il possédait le don de la couleur
à un très haut degré; cependant il ne s'aveugla
jamais et se proclama toujours avec orgueil l'élève
de ce grand maître. Quoiqu'il partît du même
principe de coloris, il y a entre lui et Rembrandt
de grandes dissonnances; il cherchait l'effet de la
lumière sans le secours des ombres; il peignait
avec vérité, tout en donnant au modèle un certain tour mensonger : aussi c'était une fureur à
Amsterdam de se faire peindre par lui. Rembrandt
vous épouvantait dans votre vérité ténébreuse et

illuminée, Maaz vous laissait un sourire sans rien perdre de son énergie.

Dans l'école de Rembrandt on doit aussi placer Salomon Koning, d'Amsterdam, qui aimait la vérité et luttait avec elle par la vie et le mouvement. Il peignait l'histoire et le portrait en grand et en petit. Ses tableaux sont devenus rares; on y reconnaît la touche franche et colorée d'un peintre à brûle-pourpoint.

Pierre Van Mool (1580-1650), né à Anvers et mort à Paris, a peint tour à tour dans le goût de Rubens, de Van Dyck, de Rembrandt. Ses sujets religieux sont moins dignes d'éloges que ses sujets profanes; sa couleur grasse et chaude fait passer sur ses fautes de dessin.

Samuel Van Hoogstraeten, né à Dortreek en 1627 et mort dans la même ville en 1678, fut élève de Rembrandt, sans toutefois aimer trop sa manière. Il fut moins éclatant et moins sombre. Cependant son œuvre sent trop la palette; mais sa fraîcheur et sa lumière voilent sa crudité. Il était bon portraitiste et savant peintre d'histoire; il excellait en outre à peindre des fleurs et des fruits. L'empereur d'Autriche, voyant venir une corbeille de pêches parfumées et de grappes dorées peintes par Hoogstraeten, se laissa aller à l'illusion : « Voilà, dit-il, le premier peintre qui ait su me tromper. » Heureusement pour Hoogstraeten qu'il ne se contentait pas de tromper les yeux des empereurs d'Autriche. Il étudia à Rome toutes les beautés du paradis de l'idéal. Quand il revint à Dortreck, sa fortune était faite ; il partagea son temps entre la poésie et la peinture. Il publia d'abord son voyage en Italie, bientôt après un livre singulier sous ce titre : *le Monde éclairé et le Monde aveugle*, enfin un recueil de vers et un traité sur la peinture [1].

Gérard Dow est-il bien l'élève de Rembrandt ? Faut-il en croire l'histoire elle-même ? Oui, durant trois années, Gérard Dow a essayé son pinceau timide devant les exemples de cette griffe de lion. Rembrandt était né grand peintre, Gérard Dow était né petit peintre : voilà tout le secret. Rem-

---

[1] Godefroy Kneller, le célèbre portraitiste chanté par Pope, fut d'abord élève de Rembrandt, qui, certes, ne lui avait pas enseigné ce maniérisme charmant qui fait son caractère. Kneller était surtout élève du faux goût de la cour de Londres. Mais ce n'est pas à nous de l'étudier : il est Allemand et Anglais, il n'a fait que passer en Hollande.

brandt, avec ses philosophes et sa Bible, est comme enfermé dans un orage ; ce nuage qui l'assombrit, c'est l'avenir qui garde ses mystères. Gérard Dow, enfermé chez lui, dans son intérieur de paix, ne voit pas si loin, les crises du doute n'ont pas tourmenté sa couleur ; il est tout net et tout clair comme la nature à sa surface ; aussi il ne descend jamais dans l'abîme des penseurs et n'a pour tout horizon que ce qui frappe ses yeux.

XII.

LES PEINTRES DE LA VIE PRIVÉE.

TERBURG. — LE DUC. — GÉRARD DOW.
SLINGELANDT. — GODEFROY SCHALKEN. — MIÉRIS
GONZALEZ COQUES.
PETER DE HOOGE. — JACQUES VANLOO. — BRACKEMBURG.
TORRENTIUS. — VERKOLIE. — TROOST.

L'œuvre de Gérard de Terburg est le roman
intime de la Hollande, comme l'œuvre de Gérard
Dow en est le roman familier. Gérard Terburg
n'eut point de maître, mais il est bien de son pays.
Il courut l'Italie, la France et l'Espagne, sans
changer son goût tout hollandais, empreint de
poésie réaliste. Il naquit en 1608 à Zwol, province

d'Over Yssel, d'une famille ancienne, aimant les
arts et les artistes. Terburg appartient aux peintres
grands seigneurs. Beau, aimant le faste, aventureux, il passa toute sa jeunesse en galantes équi-
pées. A la cour d'Espagne, où il fut créé chevalier,
les grandes dames le trouvèrent si charmant, qu'il
fut contraint, après plusieurs duels, de fuir en
secret, menacé sérieusement par la jalousie des
Espagnols. Il débarqua à Londres, où il fut recherché pour ses portraits, quoiqu'il les fît payer
comme ceux de Van Dyck. De Londres il vint à
Paris, où il acheva de faire sa fortune. A la fin,
fatigué de courir le monde, il retourna dans son
pays. Il se maria à Deventer à une de ses cousines,
qui ne lui donna pas d'enfants. Il devint bourgmestre de la ville et y mourut très considéré
en 1681. Sa dépouille mortelle fut portée à Zwol.

Ses portraits et ses tableaux sont d'un joli effet;
il y a répandu un sentiment de distinction qu'on
cherche vainement dans les petits peintres du
temps. Son dessin est rond et lourd, mais sa touche
est si ferme et si large, sa couleur est si belle et si
transparente, que le regard tout enivré oublie les
fautes du dessinateur. Ses scènes de la vie privée

représentent des leçons de musique, des dames
qui jouent aux cartes, des cavaliers se pavanant
devant des jeunes filles, mille scènes d'intérieur
prises dans le beau monde, ou tout au moins dans
la bourgeoisie.

Quoique élève de Paul Potter, Jean Le Duc, de
La Haye, est plus près de Terburg ou de Zacht-
Leeven dans ses cavaliers et ses dames galantes.
Malgré beaucoup de succès dans la peinture, il se
fit soldat, devint capitaine et ne quitta plus l'épée
pour le pinceau. Ç'a été une perte pour l'art familier. Ses tableaux sont jolis, d'une touche spirituelle et d'un bon coloris. Il gravait à l'eau forte
avec beaucoup de feu et d'effet.

Au commencement du xviie siècle, il y avait
à Leyde un atelier mystérieux et solitaire où l'on
n'était admis qu'après bien des prières; il était
plus simple et plus aisé d'avoir une audience du
pape que du peintre de cet atelier. Quoique ce fût
un homme robuste, aux allures rustiques, il n'entrait lui-même dans son atelier qu'avec respect,
avec religion. Il franchissait doucement le seuil,
refermait la porte sans secousse et s'avançait à
pas de loup sur son escabeau devant l'œuvre

ébauchée. Il avait la poussière en effroi. Il demeurait immobile, durant quelques secondes, craignant de respirer, regardant vers le rayon de soleil si la poussière ne tamisait pas, inquiété par une mouche étourdie et une araignée échappée aux solives. Quand il avait vu tomber le dernier duvet soulevé par son pied, quand il s'était convaincu que l'air pouvait à peine pénétrer, il ouvrait sa boîte à couleurs, les broyait lui-même et se mettait à l'œuvre. Vous avez reconnu Gérard Dow. Celui-là représente bien deux caractères du génie hollandais : la propreté et la patience[1].

Il était né à Leyde le 7 avril 1613. Son père, originaire de Frise, était vitrier, un pauvre et simple ouvrier comprenant les joies de l'artiste. Il vécut dans son fils. Gérard Dow apprit à dessiner chez le graveur Dolendo ; il passa de là chez un peintre sur verre, Kouwhoorn, qu'il égala bientôt. Le vitrier était dans l'enthousiasme paternel ;

[1] Gérard Dow avait une patience peut-être sans exemple, et un amour extraordinaire pour la propreté. Il regardait la poussière comme le fléau de la peinture, et son attention, pour s'en garantir, était tout-à-fait singulière. Son atelier donnait sur un canal, afin de mieux l'éviter, et il broyait ses couleurs sur un cristal. VAN GEEL.

mais, effrayé du danger que courait un si précieux enfant quand, monté sur un léger échafaud, il réparait quelque vitrage d'église, il décida qu'il serait peintre sur toile et le conduisit chez Rembrandt.

Gérard Dow avait quinze ans. Rembrandt peignait encore dans sa première manière, avec une grande sollicitude pour le fini. Gérard Dow l'imita pieusement, convaincu qu'il avait pour maître un grand maître. A dix-huit ans, il prit un atelier. Il était déjà renommé pour sa touche courtoise et délicate. Tout le monde voulut d'abord avoir son portrait en petit par le jeune Gérard Dow; mais six mois après, personne ne voulut plus en entendre parler. Il lui fallait cinq jours pour finir une main. Il impatienta les plus patients de la Hollande.

Il se mit à peindre alors toutes ces jolies merveilles qui courent les musées de l'Europe, ces charlatans, ces joueurs de flûte, ces bouquetières, ces joueurs de cartes, ces cuisinières que se disputent avec fureur ceux qui aiment avant tout le génie de la patience. Nous croyons que le génie n'est pas dans la patience. Le génie est né libre et capricieux. Il prend le chemin de l'aigle et non celui des tortues. Nous voyons avec peine Gérard Dow avouer à Bamboche qu'il passait trois jours à peindre un manche à balai. Était-ce bien là le disciple du fier Rembrandt? Hâtons-nous de dire que Gérard Dow conservait son feu sous la cendre amère du travail. C'est un triomphe, c'est comme un miracle; mais l'art est le dieu des miracles. La couleur de Gérard Dow n'est ni fatiguée ni refroidie dans le travail; elle est vive et harmonieuse. Sa touche a toujours son éternelle fraîcheur; il est merveilleusement fini sans cesser d'être vigoureux.

Il mourut à Leyde, âgé de soixante-sept ans, après une vie laborieuse, féconde pour sa fortune et pour sa renommée. On peut juger de la simplicité de sa vie intime par quelques tableaux qui représentent son intérieur. Une certaine poésie domestique rayonne sur son front et sourit sur ses lèvres. Voyez ce portrait où il s'est représenté jouant du violon à une fenêtre encadrée de pampres et supportée par un bas-relief antique.

Au Musée du Louvre, on trouve l'intérieur de son père. Sa mère, assise devant la croisée avec un rouet près d'elle, fait la lecture de la Bible au vieux vitrier. Mais le souffle biblique n'a point passé par là.

Pierre Van Slingelandt (1640-1691), son élève, le surpassa par la patience. Si la patience est une vertu, ce n'est pas toujours dans les arts. Il employa trois années, sans prendre le temps de respirer, à peindre la famille Meerman dans le même cadre. Il y a dans ce tableau célèbre un certain rabat de dentelles qui a coûté plus d'un mois de travail ; aussi est-ce plus vrai que la nature. Gérard Dow évitait presque toujours la froideur, Slingelandt y tombait trop souvent. Houbracken décrit avec éloge deux tableaux de cet artiste, qui représentent, le premier, une jeune fille qui tient une souris par la queue devant le nez d'un chat ; le second, un matelot qui est coiffé d'un bonnet tricoté ; on distingue les poils du chat et de la souris, on compte les mailles du bonnet. Aussi, quoique accablé de commandes, il n'eut jamais de fortune, ne pouvant produire qu'un tableau par an. Il vécut à peu près ignoré tout un demi-siècle.

Un autre élève de Gérard Dow, Godefroy Schalken (1645-1706), se fait remarquer par ses effets de clair-obscur étudiés à la lumière d'un flambeau. C'est presque l'art en enfance. Schalken n'eut point de rival pour la vérité et le relief. Son dessin n'est ni correct ni spirituel, mais il ne manque pas de grâce. Il a peint quelques portraits dans le style de Kneller; mais son talent était dans les jeux de la lumière. Il avait connu le monde sans se former aux beaux usages. Pendant son séjour en Angleterre, il peignit le portrait d'une dame qui avait de fort belles mains. Il lui dit, quand la tête fut terminée, qu'il se pouvait passer d'elle. « Et mes mains? — Je peins toujours les mains d'après celles de mon valet. » A la fin, fatigué des effets de la lampe ou de la bougie, il chercha les effets du soleil : sa *Jeune Fille se cachant à l'ombre de son éventail*, sa *Jeune Femme derrière un rideau cramoisi que traverse le soleil*, sont peut-être ses meilleurs tableaux.

Gérard Dow, tout bonhomme qu'il se montrât avec ses lunettes et sa patience, ne manquait pas d'une certaine vanité. Ainsi il disait de Miéris : « C'est le prince de mes élèves. » L'élève est au-dessous du maître; mais il a une touche plus libre et plus décidée. On se promène mieux autour de ses personnages, parce que ses plans sont plus vagues. Son dessin est plus spirituel, sa couleur est moins tourmentée; c'est un homme de plus de ressource et d'imagination. On voit dans ses tableaux qu'il vivait dans un monde plus distingué; il y a de la recherche dans son costume, sa femme est habillée de satin, son intérieur étale un certain luxe. Ses scènes domestiques ne sont intéressantes que par la magie de l'art; il représentait habituellement un jeune garçon soufflant des bulles de savon, une jeune femme caressant un chien, un déjeuner de famille, une conversation, une vieille qui lit la gazette, un petit concert, çà et là un tableau d'histoire, comme *Lucrèce* et *Madeleine*. Il a peint des bacchanales qui ne manquent ni d'entrain ni de mouvement, où l'on respire assez bien l'odeur verte du pampre. Son chef-d'œuvre est une jeune femme évanouie avec un médecin et une vieille en pleurs; c'est le digne pendant de la *Femme hydropique* de son maître. Miéris fut payé un ducat par heure, durant tout le temps qu'il peignit ce sujet. Le tableau coûta quinze cents florins. Le grand-duc de Florence offrit, en voyant ce chef-d'œuvre, de payer le talent de Miéris deux ducats par heure.

Franz Miéris était né à Delft, en avril 1635. Son père, riche lapidaire, voulait que son fils fût lapidaire. Miéris étudia tour à tour chez un peintre sur verre, chez Gérard Dow et chez un peintre d'histoire. Il était né pour les petits cadres et les sujets familiers; les grandes pages de style sévère n'étaient pas à la taille de son talent : du reste, c'en était fait dans son pays de la peinture historique. Il vécut à Leyde en simple bourgeois de la ville, tantôt fréquentant la bonne compagnie, tantôt suivant au cabaret son ami Steen, qui l'amusait par ses contes philosophiques. Le vin que vendait Steen l'amusait aussi; car il lui arriva plus d'une fois de ne rentrer chez lui qu'avec l'aube matinale. Une nuit qu'il était tombé dans le ruisseau, il fut recueilli par un savetier, dont la femme lui montra une touchante sollicitude. Quand il fut dégrisé, il s'enferma chez lui jusqu'au jour où il eut terminé un petit tableau, un de ses meilleurs, qu'il alla porter à ces braves gens. « Recevez ceci d'un homme que vous avez tiré d'un vilain pas; s'il vous prend fantaisie de vendre ce tableau, allez le porter au bourgmestre. » La femme du savetier n'aimait pas assez les arts pour garder le tableau; elle alla sur-le-champ trouver le bourgmestre, qui lui en donna huit cents florins. Pour cette bonne action, si délicatement faite, Dieu pardonnera là-haut à Miéris toutes ses folies de cabaret. « Vous voyez, disait Steen, qu'on a le vin bon quand on boit à mon tonneau. » Miéris mourut en 1681, laissant un fils qui hérita presque de son talent, Wilhem Miéris. Tous les tableaux ébauchés par le père furent terminés par Wilhem. C'était un esprit plus orné, un artiste plus savant, mais il est pourtant resté au-dessous de son père par l'esprit du dessin et la finesse de la touche. Il modelait en terre et en cire avec tout le talent d'un sculpteur. Les sujets de ses tableaux ne sont pas seulement pris à la vie privée, il s'élevait à la poésie de la fable, mais tout en conservant dans ses figures la physionomie hollandaise ; ainsi sa servante posait pour ses Léda [1].

[1] Franz Miéris a laissé un autre fils, Jean Miéris (1660-1690), qui n'imita ni son père ni son frère. Il voulut devenir un peintre

Gabriel Metzu imita et surpassa Gérard Dow, Gérard Terburg et Franz Miéris ; il vécut solitaire et presque oublié. Il naquit à Leyde en 1615 et mourut à Amsterdam vers 1658. Il a continué la même galerie de petits tableaux avec une touche plus large. On voit bien par ses œuvres qu'il aurait pu devenir un peintre à grandes figures, un peintre de la famille de Van Dyck et de Rembrandt, témoin son *Portrait de l'amiral Tromp* et sa *Femme adultère* du musée du Louvre. Nul coloriste ne posséda le don de l'harmonie à un plus haut degré. Il trouvait inutile d'opposer une couleur à une autre pour l'accord de l'effet. Vous avez vu ses femmes habillées d'étoffes rouges entre un fauteuil rouge, devant des rideaux rouges ? C'est comme un jeu du peintre ; on sent passer l'air entre la femme, le fauteuil et le rideau ; chaque ton a sa valeur relative, qui le détache harmonieusement du ton qui le touche. Metzu augmentait par magie les couches de l'air suivant l'espace. Il faut citer

en grand : il étudia chez Gérard de Lairesse et partit jeune pour l'Italie ; il n'en revint pas. On cite son goût pour l'histoire, mais il était né trop tard : en Italie comme en Hollande, c'en était fait du grand art.

parmi ses œuvres quelques tableaux bibliques, comme *l'Enfant prodigue* et *la Femme adultère*, traduits en hollandais ; plus souvent il représentait des pages animées de la vie bourgeoise. Il est plus varié et plus fécond en ressources que ses devanciers [1]. Il est même plus vrai, par la raison qu'il a moins cherché les raffinements du vrai.

Gonzalez Coques rappelle Van Dyck et Terburg ; Van Dyck par ses petits portraits, Terburg par ses scènes de famille. Il vécut, comme ces deux maîtres, en familiarité avec les rois et les princes. Sa

[1] « On reprochait à Metzu de peindre toujours ses personnages coquettement habillés dans des intérieurs d'appartement. Pour prouver qu'il connaissait aussi bien l'anatomie que les étoffes de soie, et le grand soleil que le demi-jour d'un salon, il se mit aussitôt à l'œuvre. Dans un magnifique paysage où circule une rivière, il représenta un chasseur qui se déshabille au bord de l'eau pour se baigner. Le chasseur est le portrait de Metzu lui-même, tête et corps. C'est une merveille de science et de naturel. La grosse tête franche et intelligente de Metzu ressemble un peu à celle de Rembrandt. Le torse et les membres sont irréprochables et défieraient les critiques d'un concile d'anatomistes et d'académiciens réunis. Près du chasseur est un beau chien épagneul, digne de Fyt ou de Griff ; à gauche, suspendus à un arbre, un lièvre et du gibier mort, que Weeninx pourrait signer ; au second plan, sur un petit pont qui traverse le ruisseau, un bonhomme accoudé, qu'on prendrait pour une figure d'Ostade. L'harmonie vigoureuse du paysage, la touche abondante, les effets de lumière, ont quelque analogie avec le style magique

touche était tout à la fois large et précieuse; tout petits qu'ils soient, ses portraits ont toute la fière tournure de ceux des grands portraitistes; et, dans ses scènes de famille, il a toute la délicatesse de Terburg. Né à Anvers en 1618, il y mourut en 1684. Il avait étudié sous David Ryckaert et avait épousé sa fille. La fortune tombait en pluie d'or de sa palette. Le roi d'Angleterre, le duc de Brandebourg, l'archiduc Léopold, don Juan d'Autriche, le prince d'Orange, s'estimaient heureux de poser devant lui. L'académie d'Anvers l'avait nommé son directeur. Il fut, comme tous les hommes, frappé dans son bonheur. Il avait une fille adorable, Gonzaline Coques; c'était sa joie et sa gloire. Il l'avait mariée à un grand seigneur d'Anvers : elle mourut. Il la pleurait encore quand son fils suivit sa sœur chez les morts; il pleurait ses deux enfants quand sa femme le laissa seul sur la terre : c'en était fait de lui. On voulut le distraire par un autre mariage; il épousa une demoiselle du

de Rembrandt. La signature est sur la crosse du fusil. Metzu a démontré, par ce chef-d'œuvre, qu'il aurait pu être Fyt, ou Weeninx, ou Ostade, et que l'art est en toutes choses. — T. THORÉ.

monde, Catherine Ryshenvels, mais il n'était plus de ce monde ; il mourut pour aller retrouver sa vraie famille. Il a laissé plusieurs éditions de son portrait, de celui de sa femme et de celui de ses enfants. Toute cette famille vous séduit et vous touche. Gonzalez Coques a une belle tête, pleine d'intelligence. Il est vêtu avec recherche, mais avec goût, en vrai gentilhomme du temps [1].

A la même page, on peut placer Peter de Hooge, un vrai peintre de mœurs et de caractères. Il a quelques points de parenté avec Gonzalez Coques ; il est comme lui fier et vigoureux ; sa touche aussi est large et légère, mais il est moins fin et moins

[1] On trouve dans plusieurs recueils cette page curieuse sur la vie de Gonzalez Coques qui ne s'accorde guère avec le récit de la plupart des historiens. « Une jeune fille du monde, éprise de sa figure et de son talent, mit en usage les regards, les minauderies, et même jusqu'aux avances, pour se faire aimer. Loin de résister aux agaceries dont il était l'objet, Gonzalez fit éclater encore plus d'amour que la belle n'en laissait paraître. Les parents de la jeune personne voulurent arrêter cette intrigue, dès sa naissance ; mais l'amante passionnée se sauva chez l'artiste qui, dans la crainte d'éveiller la jalousie de sa femme, lui conseilla de s'habiller en Polonais, et de feindre de venir apprendre à dessiner. Elle soutint ce déguisement à merveille ; et, animée du désir de plaire à son amant, elle fit des progrès considérables dans la peinture. Cependant, une élève d'une aussi jolie figure ne pouvait longtemps en imposer. Afin de la sous-

vrai dans le coloris. Quoique élève de Berghem, il appartient bien à la famille des peintres de la vie privée. Il représentait des conversations, des corps-de-garde, des joueurs de cartes, des déjeuners galants. Il est né et il est mort sans que nul historien se soit inquiété du lieu de son berceau ni de sa tombe.

Aucun biographe n'a nommé Buys, dont j'ai vu des tableaux d'une charmante ingénuité. Ce sont des scènes maternelles d'un joli sentiment, touchées avec grâce, quoique d'un dessin douteux.

Il y a les Vanloo hollandais et les Vanloo français, bien qu'ils soient tous de la même famille, même en peinture; mais Jean-Baptiste et Carle Vanloo appartiennent, comme Philippe de Cham-

traire aux recherches de ses parents, Gonzalez alla demeurer dans un village près d'Anvers, et changea même de nom. On lui aurait volontiers donné pour épouse la demoiselle, mais il était déjà marié. Ces gens qui se plaisent partout et en tout temps à répandre les mauvaises nouvelles, ne manquèrent pas d'informer la femme de notre peintre de toutes ses infidélités. Elle se joignit aux parents de la demoiselle, et découvrit bientôt le lieu qui servait d'asile aux deux amants. On allait se porter contre eux aux plus violentes extrémités, lorsque la fuite, seul parti qui leur restât, assura leur tranquillité pour toujours. Ils se cachèrent si bien, qu'on ignore ce qu'ils sont devenus. »

pagne et Van der Meulen, à l'histoire de la peinture française.

Jean Vanloo fut le premier du nom. Il peignait au commencement du xviie siècle, à l'Écluse, des sujets galants pris dans l'histoire ou dans la vie privée. Son fils, Jacques Vanloo, père de Jean-Baptiste et de Carle, né en 1614, mort en 1670, fut non seulement un des meilleurs coloristes de l'école hollandaise, mais un des plus francs dessinateurs. On connaît son célèbre *Coucher à l'italienne* (une femme nue vue par le dos prête à se coucher); la gravure de ce tableau, par Porporati, est dans tous les ateliers. Il y a au Louvre un portrait de Michel Corneille par Jacques Vanloo, qui était venu habiter la France.

Brackemburg a beaucoup étudié Jacques Vanloo dans ses danses de courtisanes. Brackemburg était peintre et poëte. Il a vécu comme Brauwer et peint comme Miéris, avec un cachet à lui. « Nous savons, dit Descamps, peu d'événements de sa vie; à voir ses ouvrages, il y a lieu de croire que nous y perdons très peu. » Il peignait de préférence des intérieurs où ne vont pas les honnêtes gens. Né à Harlem en 1649, il a vécu le plus souvent en Frise, où il est mort on ne sait en quelle année. C'était un esprit enjoué, un panthéiste en belle humeur cherchant toutes les joies du pampre et de l'amour. Son pinceau est flou et léger, sa touche vive et spirituelle, sa couleur vigoureuse et vraie. J'ai admiré à Florence, au Vieux-Palais, un petit chef-d'œuvre de Brackemburg : c'est son portrait. Il porte une belle tête, pleine de gaieté et d'entrain. C'est franchement touché, avec beaucoup d'esprit et de chaleur de ton. Pour tout attribut le peintre n'a choisi qu'un violon et une pipe.

Le vrai maître de la peinture licencieuse est Jean Torrentius (1589-1640), l'athée et le cynique. Pétrone et Arétin n'eussent pas osé signer ses tableaux. Les peintures antiques trouvées à Pompéi dans la maison des courtisanes ne sont pas si furieuses dans leur nudité que ne l'étaient celles de Torrentius dans leur galant déshabillé. On en fit bientôt justice : elles furent brûlées par la main du bourreau; c'étaient des chefs-d'œuvre, mais à quoi bon de pareils chefs-d'œuvre? Torrentius ne fut pas brûlé, mais il fut mis à la question. Les tortures ne lui arrachèrent pas un repentir sur son impiété. On l'emprisonna, il obtint d'être exilé, il passa en Angleterre, mais ses bonnes mœurs l'en chassèrent bientôt ; il revint à Amsterdam , où il se tint caché jusqu'à sa mort.

Jean Verkolie est digne de toute cette famille de romanciers. Il naquit à Amsterdam en 1650 dans la boutique d'un forgeron. Après quelques années d'école, son père l'appela dans la forge, n'ayant pas de quoi faire de son fils un savant. Le hasard en fit un artiste ; une piqûre d'aiguille dans le talon l'ayant retenu au lit trois années durant, Jean Verkolie, pour se distraire, se mit à copier des gravures. A peine eut-il déchiffré l'alphabet des arts, qu'il se sentit peintre. Il commença à peindre sans maître, copiant des tableaux avec un peu de servilité. Mais, à moins d'être un grand artiste prédestiné, on n'a pas le droit, à quinze ans, de se passer des leçons d'un maître : on marche au hasard ; à peine a-t-on vu la lumière, qu'on retombe dans la nuit. Verkolie alla à l'atelier de Lievens. Après quelques voyages en Hollande, il se maria à Delft, où il vécut et où il mourut. Son tableau de *la Jeune mère* du musée du Louvre n'est-il pas un souvenir de son intérieur? Quel charmant ménage hollandais! une femme toute fraîche et toute souriante qui tient son enfant sur ses genoux; une servante qui porte une tasse de lait; un chien qui rêve. Jean Verkolie était digne de cet intérieur par sa bonté naïve, qui lui avait valu le titre d'administrateur des pauvres de sa province. Il ne prit jamais le temps d'étudier sérieusement : aussi n'est-ce qu'avec bien de la surprise que ses contemporains le voyaient entreprendre des sujets d'histoire, où d'ailleurs il ne réussissait qu'à demi. On cite de lui, parmi les meilleurs tableaux, *Vénus et Adonis*; *une Pénitente à genoux*; *un Berger et une Bergère*; il les a gravés lui-même à la manière noire. Il avait appris à graver comme il avait appris à peindre, c'est-à-dire sans maître. Il mourut à peine âgé de quarante-trois ans. Son fils Nicolas fut digne de ses leçons. Il a eu d'autres élèves, Thomas Van Derwilt, Jean Van Dersprick, Albert Van Derberg, tous trois peintres de portraits; Henri Shenwilkel et Guillaume Verschun-ring, tous deux peintres de genre. Jean Verkolie avait une bonne couleur et un pinceau flou; son dessin était un peu lourd, quoique assez correct.

Il aimait surtout à peindre des festins et des conversations galantes.

Il y aurait encore plus d'un peintre familier à rappeler ici, par exemple Cornille Troost (1686-1750), esprit distingué, plein de verve et de tournure, qui excellait à représenter des corps-de-garde et des scènes de comédie; mais contentons-nous d'étudier ceux qui sont au premier rang par le caractère [1].

---

[1] Maintenant que nous avons payé notre tribut à toute cette florissante famille, ne nous sera-t-il pas permis de dire ici que Chardin, notre peintre familier, est, par son esprit naïf et fin tout à la fois, digne de tous ceux que nous venons de nommer. Et Meissonnier? Il n'y a qu'un mot à dire : C'est un Hollandais avec du style.

J'ai sur ma cheminée un petit chef-d'œuvre de Meissonnier, *Deux Mères qui font embrasser leurs enfants;* cette jolie merveille, je ne la donnerais pas pour le Gérard Dow le plus parfait, pour le Terburg le plus admiré.

XIII.

HALTES, CAVALCADES ET BATAILLES.

BAMBOCHE.—WOUVERMANS.—VAN DER MEULEN.
VAN BRÉDA. — ALBERT CUYP.
LINGELBACK. — KAREL DUJARDIN.
WEENINX.—HONDEKOETER.

Vers la fin du xvie siècle, il s'était formé dans les Flandres une école de jeunes peintres, *la bande académique*, où l'on s'enrôlait pour aller étudier à Rome. Tout se passait avec éclat chez ces soldats à la conquête de l'art. Il y avait un discours de réception, non point dans un temple, mais dans un cabaret. Les plus éloquents versaient à boire, les plus convaincus buvaient jusqu'à l'oubli. Une fois ivre, on se couronnait de pampre en fleurs ou de pampre artificiel et on courait en troupe bruyante achever le festin sur le tombeau de Bacchus, où le récipiendaire était baptisé d'un sobriquet caractérisant sa figure ou son caractère [1]. Parmi les surnoms que l'histoire a conservés, celui de Bamboche, qui était bossu, est le plus célèbre. Le vrai nom du peintre a même presque disparu sous le sobriquet. Bien plus, c'est de ce sobriquet que dérive ce mot de bambochades qui s'applique si heureusement à la plupart des petits tableaux flamands et hollandais qui représentent des scènes de la vie familière.

[1] « Les peintres flamands et hollandais avaient formé à Rome une Société qui ne subsiste plus depuis plusieurs années, et dans laquelle ils n'admettaient que des artistes de leur pays. Les assemblées de cette espèce d'Académie se tenaient ordinairement dans un cabaret. Rien de plus singulier que les cérémonies qui s'observaient aux réceptions; tout y retraçait les orgies et les fêtes bachiques. On s'y travestissait en Sylvains, en Druïdes; on s'enveloppait dans des couvertures de lit, et l'on faisait subir au postulant des lois un peu rudes, aussi bizarres que ridicules; on joignait même aux mascarades dont nous venons de parler des postures très indécentes et les plus grandes bouffonneries; enfin chaque récipiendaire recevait un sobriquet, qu'il était contraint d'ajouter à son nom. » DARGENVILLE.

Dans son portrait, Bamboche s'est vaillamment coiffé d'un feutre à plumet; il jette un regard insolent et porte des moustaches de matamore. Son nom était Pierre. Il était né à Laer, en Hollande. Dès son adolescence, il se vengea de la nature qui l'avait mis au monde tout contrefait, par un vrai talent pour la peinture et la musique. On ne lui connaît pas de maîtres. Il n'avait pas vingt ans quand il fit son voyage d'Italie, jouant du violon et peignant avec un accent comique des cavalcades toutes furieuses, toutes rugissantes. Il plut au Poussin et au Lorrain par sa belle humeur, ses singularités, ses extravagances et ses saillies. Il étudia en cette illustre compagnie les paysages de la campagne de Rome; presque tous les soirs, durant longtemps, on les a vus rêvant ou riant ensemble sur les bords du Tibre, épris de ces paysages sévères que le génie a consacrés.

Bamboche avait appelé en Italie ses deux jeunes frères pour étudier et peindre avec lui; ils périrent tous les deux de mort violente, l'un dans la mer, à Venise, l'autre dans un torrent des environs de Rome; ils n'avaient ni son esprit ni sa touche. Il retourna seul en Hollande. La jeunesse avait fui trop rapide en ces belles amitiés; il ne retrouva pas son pays en Hollande, où n'étaient plus ses frères, où ne devaient pas venir ses amis. Un marchand de tableaux intéressé à décrier Bamboche en faveur de Wouvermans acheva d'attrister ce pauvre homme, qui était seul de son parti, qui méprisait la petite manière de son rival, mais qui ne parvint pas à faire comprendre à ses compatriotes que sa manière était plus large et plus digne d'un véritable artiste. Du reste, il paraît qu'aujourd'hui on n'a pas encore compris que Bamboche peignait mieux les cavalcades que Wouvermans, car ses tableaux sont recherchés sans passion, tandis que ceux de Wouvermans sont vingt fois couverts d'or. Et pourtant le premier est un peintre de style, le second n'a pas même l'apparence du style. Le pauvre Bamboche, tout désolé d'être méconnu et de vieillir pauvre, se précipita dans un puits[1].

Bamboche représentait avec beaucoup de verve

---

[1] Houbraecken raconte ainsi la mort de Bamboche; Weyermans la nie. Ce qu'il y a de certain, c'est que Bamboche mourut de chagrin dans son puits ou dans son lit, à peu près à soixante ans.

des cavalcades, des chasses, des attaques de voleurs, des foires et des paysages marins. Son génie était surtout dans la variété; il ne copiait personne, pas même lui. Son dessin est très fin, sa
couleur est très vigoureuse. Il composait avec
beaucoup d'esprit, sachant répandre à propos dans
ses fonds des débris d'architecture. Ses groupes
sont animés et pittoresques. Comme le Lorrain, il
rendait avec précision les diverses constitutions
de l'air. On peut dire en voyant ses ciels l'heure
qui sonnait quand il les a peints. Il y a dans tous
ses tableaux je ne sais quel joyeux air de violon
qui vous égaie doucement. On sait qu'il avait l'habitude, comme Brackemburg, de se jouer un air
avant de se mettre à l'œuvre. Son violon ne le
quittait pas. Pour se reposer de peindre, il jouait
du violon; pour se remettre en verve, il en jouait
encore.

Jean Meel 1599-1664) et Henri Verschunring
1627-1690) peignaient dans l'esprit de Bamboche, avec le même goût de dessin, des pillages,
des chocs de cavaliers et des attaques de voleurs.

Nous avons peut-être un peu exalté Bamboche
pour le venger de Wouvermans, qui n'était pas,

après tout, un médiocre artiste. Il faut lui tenir compte de sa candeur, de ses études précipitées par le travail, des peines qu'il eut à élever sa famille. Il ne sortit jamais de Harlem, peignant sans relâche pour des marchands avides, qui avaient eu l'esprit de se faire ses créanciers. Non plus que Paul Potter et Berghem, le pauvre Wouvermans n'eut jamais une heure de sereine liberté; pas une claire et souriante échappée ne lui montra le ciel, à lui, qui était dans la forêt touffue des devoirs domestiques. Il était né à Harlem en 1621, il y mourut en 1668, sans que la poésie l'ait une seule fois visité. Heureusement que le travail à ses joies comme il a ses douleurs; c'est toujours l'enfantement avec ses angoisses et ses triomphes.

Philippe Wouvermans, fils d'un peintre médiocre[1], avait deux frères peintres médiocres[2], qui ne lui survécurent pas. Il a laissé un fils qui se fit chartreux[3].

Comme Bamboche, Wouvermans était varié à

[1] Paul Wouvermans était peintre d'histoire.

[2] Pierre Wouvermans peignit aussi des haltes dignes de Philippe dans sa première manière, Jean Wouvermans était un paysagiste d'une touche assez vive.

[3] Ce fils devait être peintre. On raconte que le père se voyant

l'infini dans ses compositions ; il a peint beaucoup de manéges, de haltes, d'abreuvoirs, de chasses à courre, de campements et de pillages, mais sans presque jamais se copier. Dans sa première manière, il est timide, froid, poli. Sa touche retenue est presque sans force et sans esprit. Peu à peu, enhardi par l'habitude comme par le succès, il s'abandonne à lui-même ; il est toujours sage et réservé ; ses chevaux ne s'emportent pas à bride abattue ; on n'entend pas dans ses haltes, comme dans celles de Salvator Rosa, de Bamboche et de Bourguignon, le hennissement des cavales impatientes ; mais, sans prendre le mors aux dents comme ces rares artistes, il galope avec élan vers les hardiesses de l'art, qui sont les étapes du génie. Alors il est plus ferme dans sa touche, sans rien perdre de sa finesse ; il est plus harmonieux parce qu'il est moins doux et moins fondu, parce qu'en peinture l'harmonie aime mieux les brusques oppositions logiquement amenées que les transitions timides. Il saisit avec plus de vérité,

mourir, brûla tous ses dessins, voulant ôter à son fils des études qui l'auraient empêché d'en faire lui-même.

presque avec poésie, les nuances aériennes et les magies du lointain.

Jean Van Bréda (1685-1740) a peut-être, dans ses batailles et ses foires, surpassé Wouvermans en l'imitant; il n'avait pas sa pâte précieuse, mais il avait plus de fougue.

Antoine Van der Meulen, quoique né à Bruxelles, appartient au siècle de Louis XIV, dont il fut le compagnon de guerre. Non seulement il est Français pour l'art, mais aussi pour l'histoire. Ses tableaux sont des bulletins de la grande armée de Louis XIV.

Albert Cuyp, comme Bamboche, vit un nouveau venu lui enlever la palme avec moins de génie. Ce nouveau venu, c'est Paul Potter. Ce n'est pas l'amour du paradoxe qui nous pousse à dire cela, c'est l'amour de la vérité. En effet, Cuyp est plus varié, moins servile et plus vrai que Potter: il a plus de relief et de chaleur. Nous aimons beaucoup la naïveté toute printanière de celui-ci, mais nous aimons beaucoup aussi le style de celui-là. Chez Cuyp, l'art n'est pas caché par la nature; chez Potter, c'est la nature, mais est-ce encore l'art dans toute sa liberté?

Albert Cuyp est en outre le premier par la date. Il est né en 1606 à Dordreek. Il fut élève de son père, Jacques Gerritz Cuyp, qui peignait aussi des animaux dans des paysages. Le père ne tarda pas à recevoir des leçons du fils. « Comment peux-tu rendre si heureusement ce clair de lune? lui demandait son père. — Parce que j'ai passé trois heures à ma fenêtre la nuit dernière. » Le vieux Cuyp n'avait jusque-là étudié la lune que dans des tableaux. Il ne paraît pas que Cuyp ait jamais voyagé; il n'a connu que la nature de son pays. Il peignait des vues de Dordreek, des rendez-vous de chasse, des hivers animés par des patineurs, des intérieurs de ferme, des bergeries ouvertes, des rivages du Rhin ou de la mer parsemés de barques ou de vaisseaux. Nul ne peignait avec plus de pieuse ferveur le ciel, l'eau et la prairie. Comme il aimait la vie et le mouvement, il faisait courir les nuages dans ses ciels, précipitait les vagues sur ses rives et groupait sur ses prairies des broussailles ou des plantes à larges feuilles qui coupaient l'uniformité des paysages hollandais. Mais pour lui, d'ailleurs, la nature n'était que le lieu de la scène; il y représentait le drame de la création.

Ses chevaux sont plus grands que ceux des peintres hollandais; il montre ainsi que sa belle manière pouvait s'élever aux grandes pages. Dans tous ses tableaux si variés, Cuyp se montre toujours un grand artiste, fertile en ressources, maître de sa palette, amoureux de l'effet comme de la vérité, dessinateur plein d'esprit, coloriste plein de chaleur. Quand il mourut en 1664, nul ne l'avait salué grand peintre; l'histoire contemporaine ne l'avait pas jugé digne d'une de ses pages. Hobbéma mourait en même temps, sans qu'on songeât à recueillir son nom[1].

Bien qu'il fût né à Francfort et qu'il étudiât en France et en Italie, Jean Lingelback est considéré comme un peintre hollandais; la Hollande fut sa seconde patrie et il y mourut. La seconde patrie d'un artiste est toujours sa patrie. Il peignait avec beaucoup de talent les ciels, les eaux et les montagnes, semant avec goût des débris d'architecture. Ses animaux sont bien groupés et bien vivants. Ces petites comédies de Lingelback, ses

[1] Il en fut de même de Fabricius, un grand artiste dont il reste quelques belles scènes de chasse, et de Momers, qui peignait des animaux avec une touche grasse et spirituelle.

charlatans, ses marchandes de poisson, ses carnavals, ses joueurs de gobelets, ont quelque chose du mordant et de la malice d'Aristophane. Il y a quelques réminiscences de Lingelback dans Karel Dujardin.

Karel Dujardin naquit à Amsterdam en 1640 et mourut à Venise en 1678. Il eut pour maître Berghem; il fut d'abord plus naïvement épris des saveurs de la prairie. Il serait bientôt tombé dans la recherche, s'il n'était parti pour l'Italie. Il fut bien accueilli à la joyeuse bande académique illustrée par les saillies de Bamboche; il y fut surnommé *barbe de bouc*. On s'était lassé à Rome des grandes pages religieuses de l'école de Bologne; on commençait à aimer les petits tableaux familiers, qui amusaient les yeux par l'esprit de la touche et de la composition. Karel Dujardin trouva une mine d'or dans son talent; tous ceux qui possédaient une galerie à Rome voulaient compter un Karel Dujardin. Cependant il quitta la ville éternelle, toute peuplée d'amis et d'admirateurs, pour retourner à Amsterdam. En passant à Lyon, il retrouva des amis et des admirateurs. Il s'y arrêta. Comme il aimait le luxe de la table, du

costume et des aventures , il fit des dettes. Son
hôtesse, qui le trouvait galant, lui offrit sa bourse.
Il lui offrit son cœur, comme il l'avait offert cent
fois à d'autres. L'hôtesse avait quarante ans, l'âge
de la diplomatie pour les femmes. Celle-ci en-
vironna si bien le jeune peintre dans les mille
lacs invisibles de son amour, qu'il fut contraint
de l'épouser. Elle l'avait étourdi par l'appât de
l'or, elle l'avait entraîné par les dehors d'une
passion bien jouée. Pour tout homme, même pour
le plus fort, il y a une heure dans la vie où Dalila peut lui couper les cheveux. Revenu à lui-
même, furieux de sa faiblesse, Karel Dujardin
partit pour Amsterdam, pensant que la victo-
rieuse Lyonnaise ne voudrait pas habiter la Hollande. Mais les Lyonnaises sont familiarisées avec
le brouillard ; celle-ci suivit le peintre à Amsterdam et lui déclara qu'elle le suivrait partout, fût-
ce au bout du monde. Karel Dujardin se promit
bien de rompre des chaînes si lourdes. En effet ,
peu de temps après, il repartit pour Rome, laissant à sa femme pour tout adieu une lettre où il
lui disait : Je reviendrai. Elle l'attendit ; il ne revint jamais. A Rome. il avait repris son joyeux

train de vie d'autrefois. C'est l'époque de sa meilleure manière ; jusque-là il était resté franchement Hollandais, égalant Paul Potter par le réalisme. « Il sentit alors se développer en lui des facultés toutes nouvelles, sa manière s'imprégna d'un noble sentiment, qui se répandit même dans ses plus petits ouvrages et leur donna presque du style. » De Rome il alla à Venise, où sa renommée était allée avant lui. De belles années, faites de talent et de gloire, l'attendaient en cette ville ; mais il y mourut bientôt, le dirai-je ? d'une indigestion [1].

La touche de Karel Dujardin était vive, légère et spirituelle, comme celle de Berghem, son maître ; mais elle était plus large et plus lumineuse. L'œil est souvent ébloui devant ses après-midi, qui gardent quelque chose du soleil et du ciel italiens. Plusieurs de ses paysages, par le jeu de l'ombre et de la lumière, sont tout pétillants, comme s'ils étaient dorés par un vif rayon. Il n'est d'ailleurs ni abondant ni riche dans sa

[1] « Le jour de son convoi, on témoigna singulièrement l'estime qu'on avait pour lui : quoiqu'on le sût protestant, on le revêtit d'un habit de capucin. » *Les Artistes illustres.*

composition; mais tout ce qu'il crée a un air de joyeuse santé. Il saisit la vérité par son caractère, soit dans le paysage, soit dans les animaux. Ses vaches répandent bien l'odeur du lait, de l'étable et de l'herbe foulée ; ses ânes sont admirables : il n'y a pas d'autre mot. Plus qu'aucun maître en pareil genre, il séduit l'œil par la virginité du coloris.

Henry Roos (1651-1685) et Jacques Van der Does (1625-1676) ont peint des paysages remplis d'animaux, dans la manière de Karel Dujardin. Roos avait une touche décidée et une couleur vigoureuse. Ses arbres sont d'un joli choix, ses animaux sont d'un dessin énergique. Roos périt dans un incendie ; il emportait une coupe de porcelaine, dont il ramassait le couvercle en or ; un tourbillon de fumée et de feu l'enveloppa ; des amis s'exposèrent pour le sauver, mais il était trop tard. Van der Does est plus ingénu dans sa touche ; ses petits enfants gardant les troupeaux sont merveilleusement en harmonie avec le paysage ; on sent qu'ils respirent, comme les plantes et les animaux ; c'est la même bouffée d'air, c'est le même sourire et la même quiétude ; sous tous les paysages de ce peintre on peut écrire, sans se tromper : PANTHÉISME.

Sur la fin de sa vie, son talent s'était empreint de son caractère chagrin ; après avoir aimé les tons clairs et gais comme Karel Dujardin, il tomba dans les tons bruns et mélancoliques.

Van der Does eut un fils qui s'appela aussi Jacques et hérita de son talent.

Dans quel genre placer Weeninx, qui était peintre d'histoire, de portraits, de paysages, qui peignait l'architecture comme de Witte, la scène familière comme Metzu ? Son vrai talent éclatait surtout dans la nature morte. C'était un Vénitien pour l'exécution. Il lui est arrivé de faire un portrait sans autre pinceau que l'index ; ce portrait était d'une frappante ressemblance et d'une grande fraîcheur de coloris. Il mourut près d'Utrecht en 1660, à peine âgé de trente ans, disant : « Il s'en faut bien que j'aie rendu sur la toile tout ce que j'ai dans l'esprit. » Weeninx fut le peintre universel de la Hollande. Pendant son séjour à Rome, il peignait de grandes pages d'histoire, des chasses, des intérieurs d'église, pour le cardinal Pamphile. À son retour en Hollande, il égala les paysagistes et les peintres de genre. Il passait sans transition d'une exécution abrupte à une exécution courtoise, tantôt énergique et flamboyant comme Sneyders, tantôt spirituel et fini comme Gérard Dow.

Jean Weeninx (1644-1719) fut le digne élève de son père. Il eut presque son universalité, tout en se gardant d'un certain ton gris qui voilait les œuvres du vieux Jean-Baptiste. Il peignait avec beaucoup de verve et de chaleur de ton les chasses au cerf et au sanglier. Quoiqu'il eût gardé les principes de son père, il avait une touche personnelle et peignait sans souci des entraves et des préjugés de l'art.

Jean Fyt est assez célèbre pour ses natures-mortes. Sa touche est pleine de feu, de légèreté et de hardiesse. Ses vases et ses bas-reliefs en pierre ou en marbre sont d'un très joli goût.

Si Weeninx excellait à représenter les conquêtes de la chasse, Melchior Hondekoeter (1636-1695), son neveu et son élève, excellait à peindre les coqs en fureur. Il avait accoutumé un coq à poser devant lui avec toute l'obéissance d'un modèle intelligent. L'éducation était si bien faite, que le volatile demeurait des heures entières dans la même attitude, tantôt menaçant, tantôt pensif[1]. Les galeries italiennes sont riches en combats de coqs d'Hondekoeter; ces combats sont des chefs-d'œuvre en leur genre, où l'on voit éclater toute la comique jalousie des Othello de basse-cour, toute la vaillance chevaleresque de ces héros déterminés.

Quand je regarde le portrait d'Hondekoeter, j'y découvre un accent de cruauté. Ce peintre original avait commencé par prêcher les grandeurs du christianisme avec une pieuse et vive éloquence. Tout le monde était édifié de sa religion plutôt que de son talent; on voulait le décider à devenir ministre; mais on s'aperçut bientôt que ce beau faiseur de sermons allait au cabaret, et même plus loin dans la débauche. On dit, il est vrai, qu'il

« [1] Avec sa baguette, Hondekoeter lui faisait lever la tête, discourait ensuite de diverses choses, tandis que l'animal semblait l'écouter attentivement, toujours dans la même posture. Quelquefois ce coq intelligent battait des ailes comme s'il eût voulu, du moins par des gestes, se mêler à la conversation. »

Mahomet avait dressé un pigeon à feindre de lui parler à l'oreille (Le pigeon y trouvait ordinairement quelques grains de millet). Tout le monde sait que Pélisson, étant prisonnier à la Bastille, avait accoutumé une araignée à venir manger jusque sur ses genoux.

avait épousé une mauvaise femme et qu'il la fuyait du matin au soir.

Philippe Roos était le peintre ordinaire des basses-cours. Seulement sous son pinceau pacifique le coq chante et ne se bat pas, la poule promène gaiement sa couvée, l'escadre des canards se pavane indolemment dans l'abreuvoir [1].

[1] « Philippe Roos épousa à Rome la fille du peintre italien Hyacinthe Brandi, qui avait vainement lutté contre l'amour de sa fille, sous prétexte qu'un peintre d'animaux ne pouvait pas l'habiller et la nourrir. Le lendemain des noces, Philippe Roos renvoya à Brandi les hardes, les bijoux, et jusqu'à la chemise de noces de sa femme. »

XIV.

RETOUR AU STYLE ÉTRANGER.

BERTHOLET FLEMAEL. — STOKADE.
GÉRARD DE LAIRESSE. —HOUBRAEKEN.—BRANDENBURG.
BRANDMULLER. — MAES. — OUDENAERDE.
HOET.—OVERBECK. — VAN DER SCHUUR—EYCKENS.
DEYSTER.— HONTHORST. — GASPARD NETSCHER.
POLENBURG.— VAN DER NEER.
VAN DER WERFF. — ARY DE VOYS.
MOOR.—HENRIETTE VOLTERS.—LE PETIT VAN DYCK.

Entre le réalisme de Rembrandt et celui de
Paul Potter, l'homme et la nature dans leur plus
puissante vérité, il y eut comme un essaim de
rêveurs amoureux de poésie, timides chercheurs
de style.

Bertholet Flemael, né à Liége en 1614, fut destiné à la musique; mais le jeune homme, au lieu d'aller apprendre à chanter, entrait en secret dans l'atelier d'un mauvais peintre. Il partit pour l'Italie, s'arrêta à Rome et y étudia sérieusement. Dès qu'on vit son premier tableau, sa fortune fut faite. Il fut appelé à Florence par le grand-duc, qui lui confia quelques pages de sa célèbre galerie. De Florence il vint à Paris. Il ne fit qu'y passer. Il y peignit toutefois, à la coupole des Carmes, *le Prophète Élie enlevé sur son char de feu*. Il retourna à Liége après neuf années d'absence. On l'avait apprécié en France, on voulait l'y ramener. On le reçut à l'académie de peinture et on le nomma professeur. Il revint en France, mais ne s'y fixa point. Il peignit le plafond des Tuileries représentant la Religion couronnée à l'antique, entourée de figures allégoriques avec les symboles de la France. Tous les rois lui écrivirent pour le détacher de son pays; il demeura fidèle à sa bonne ville de Liége, où il avait été pauvre, où sa mère l'avait nourri de lait et de larmes, comme tant d'autres enfants nés pour les grandes choses. Il était devenu riche à ce point qu'il dépensa sans y regarder cinquante mille florins à un château sur les bords de la Meuse. Vers la fin de sa vie, un peu revenu des vanités humaines, mais enivré de son talent, il tomba dans une sombre tristesse. Il ne voulait plus entrer dans son atelier, il cherchait l'austère solitude des couvents, des églises et des rives de la Meuse. Il usa de tout son crédit pour être reçu chanoine d'une collégiale et obtenir la tonsure. On dit qu'ayant aimé la Brinvilliers, réfugiée à Liége, il voulait en faire pénitence. On dit même qu'il fut empoisonné par cette grande pécheresse. On ne sait pas pourquoi. Peut-être la Brinvilliers se croyait-elle légataire du peintre? peut-être était-ce tout simplement par habitude? Flemael avait soixante ans.

Ce peintre, nourri aux bonnes sources du génie, avait beaucoup de feu et d'imagination; sa composition était savante, son dessin correct, sa couleur harmonieusement fondue. Il avait un grand goût architectural, aussi ses tableaux sont-ils enrichis de portiques, de colonnes, de ruines majestueuses, ce qui contribue à leur donner un caractère élevé. Il composait avec le même goût l'histoire sacrée et l'histoire profane, sachant à propos changer les nuances du style. On a beaucoup vanté ses *Assomptions* et ses *Adorations des bergers*. Un de ses meilleurs tableaux représente *l'Iliade d'Homère trouvée dans le tombeau d'Alexandre*.

Helt Stokade, né à Nimègue en 1613, peignit presque toujours à Rome ou à Venise. Il vint passer quelques années en France, avec le titre de peintre du roi. Il a fait peu de petits tableaux. Il peignait largement, armé d'une palette vive et harmonieuse. Il avait dans le dessin plus de goût que de correction.

Gérard de Lairesse fut surnommé tour à tour le Poussin hollandais et le Guide hollandais. Il naquit à Liége en 1640. Son père était peintre et travaillait en même temps que Flemael pour le prince de Liége. C'était presque la même manière, le même goût de style et de composition ; seulement Flemael était plus savant et meilleur coloriste. Gérard de Lairesse eut pour maîtres son père d'abord, Flemael ensuite, qui le familiarisa avec l'antique par l'étude des médailles et des estampes. Flemael avait un recueil de gravures d'après Poussin qui entraînèrent surtout le goût de

Lairesse vers la poésie de l'histoire. A cette époque de sa jeunesse, si Lairesse fût parti pour Rome, il fût, on n'en doute pas, devenu un grand peintre; mais il quitta son maître pour suivre à Utrecht une aventurière qu'il aimait. Il y avait d'ailleurs en lui quelque chose d'aventureux, qui le poussait aux singularités. A Utrecht, il n'eut d'autre ressource que de peindre des enseignes et des paravents. Il avait, par malheur pour son talent, franchi le seuil du cabaret et du mauvais lieu. Un ami voulut sauver de l'abîme un homme né pour devenir grand; il lui commanda deux tableaux, lui disant qu'il était sûr d'en obtenir cent florins d'un marchand d'Amsterdam. Non seulement le marchand les paya cent florins, mais il vint tout de suite à Utrecht et parvint à emmener Lairesse à Amsterdam. Cet homme avait un atelier où peignaient à la journée Grebber et quelques autres peintres. Dès le lendemain de son retour, il y conduisit Lairesse, lui indiqua un escabeau, lui donna une palette et lui dit : « A l'œuvre, vous êtes chez vous. » Lairesse demeura quelques minutes devant le chevalet sans dire un mot et sans mouvement. « Au lieu de se mettre à dessiner, il tira de dessous son manteau un violon et joua quelques airs ; après quoi, saisissant le crayon et les pinceaux, il ébaucha un *Enfant-Jésus dans sa crèche*. Comme ses compagnons de travail voulaient voir ce qu'il avait fait, il reprit son violon et joua de nouveau ; ensuite il reprit sa palette et peignit de nouveau. Il peignit la tête de l'enfant de Marie, de saint Joseph et du bœuf, au premier coup, et d'un si beau fini qu'il laissa les spectateurs dans l'admiration de la beauté de son travail et dans l'étonnement de la manière dont il s'y disposait. »

Durant deux mois, il joua du violon et peignit chez le marchand d'Amsterdam. « J'ai assez fait pour reconnaître votre hospitalité, dit-il à cet homme, je vais jouer du violon et peindre pour moi. » Il ouvrit un atelier où tout le monde accourut, plutôt encore par curiosité que par admiration. C'était comme une gageure ; les figures tombaient de sa palette comme des mains du Créateur. C'était la rapidité de Rubens avec une apparence de travail et de fini. Il paria de peindre en un jour, sur une grande toile, *Apollon et les Muses au mont Parnasse*. C'était là un des travaux d'Hercule ; il en vint à bout. Ce tableau passa même pour un de ses meilleurs.

Il fût devenu riche en peu d'années, s'il n'eût conservé l'habitude de vivre en franc débauché, buvant et gaspillant la nuit ce qu'il avait gagné le jour. « Ce fut, dit son historien, la seule et malheureuse régularité qui resta dans sa conduite. » En vain il avait épousé une femme digne de lui donner d'autres habitudes, en vain il avait vu à son foyer des berceaux où Dieu lui parlait par les cris de ses enfants ; les folles passions, comme des nuages grossiers, lui cachaient le bleu du ciel. Un grand malheur, le plus grand peut-être qui puisse frapper un peintre amoureux de la ligne, de la lumière et de la couleur, tomba sur lui comme une vengeance d'en haut : Lairesse perdit la vue. Il se convertit, mais il était trop tard. « Hélas ! disait-il à ses amis avec le désespoir d'un esprit résigné, je ne vois clair sur ce que j'aurais dû voir que depuis que je suis aveugle. » Que lui restait-il à faire ? Comment nourrir sa femme et ses enfants ? Il fit de son atelier une espèce de chaire où il professa les beaux-arts une fois par semaine. Il eut beaucoup d'auditeurs. Il fit un cours de dessin et un cours de peinture qui furent recueillis après sa mort, arrivée en 1711. Il laissa trois fils : l'un passa aux Indes, les deux autres peignirent des fleurs et des figures en bas-reliefs.

Le titre qu'on lui donne de Poussin hollandais tient du dithyrambe. Il n'a jamais possédé le beau et savant dessin ni la suprême élégance du peintre français ; mais comme lui il a été poëte et historien. Quoiqu'il ait toujours vécu en Hollande, il s'était formé un idéal pour les figures qui ne manque ni de goût ni de noblesse. Il exprimait avec fidélité les mouvements de l'âme ; il drapait avec ampleur et simplicité ; sa couleur est dorée et vraie, sa touche gracieuse et légère. Il gravait avec une manière large ; dans l'in-folio qui compose son œuvre, la plupart des estampes sont de sa main.

Arnold Houbracken, élève de Samuel Hoogstreaten, fut médiocre comme peintre et comme historien : c'est le peintre qui a sauvé de l'oubli l'historien et l'historien qui a sauvé le peintre. L'érudition n'est pas toujours un signe de génie ; Houbracken était savant, mais toute sa science ne valait pas un instinct vrai. Il commença, ne pouvant vivre de ses tableaux, par dessiner des vignettes pour des libraires d'Amsterdam ; peu à peu il revint à la peinture ; il finit par faire rechercher ses petits tableaux d'histoire et ses portraits. Pour se reposer, il prenait la plume et écrivait ses idées sur l'art et sur la manière des peintres de son pays. Plus tard, ce fut en rassemblant ses feuillets épars qu'il publia ces trois volumes diffus et prolixes où les jugements sont plus passionnés que réfléchis. Ces trois volumes, qui continuent Van Mander, ont pourtant leur intérêt pour l'histoire de l'art. Houbraeken avait beaucoup vu. On a dit que Houbraeken était en outre un bon poëte ; un bon poëte sans poésie, comme il y en a tant. Comme peintre, il n'a qu'un mérite très secondaire ; il était confus dans ses compositions comme dans ses écrits ; pour obtenir du ton, il variait ses étoffes et rompait le repos. Il ne manquait pas de goût pour les ajustements et pour les fonds ; mais ses expressions ne sont pas plus naturelles que sa couleur, qui est rouge sans avoir de feu. Né à Dordreck en 1660, il mourut à Amsterdam en 1719, laissant un fils, Jacques Houbraeken, graveur distingué.

Nous ne dirons qu'un mot de Jean Brandenburg

1660-1729) et de Grégoire Brandmuller (1661-
1691), tous deux peintres d'histoire, le premier
à la manière de Jules Romain, le second à la manière de Charles Lebrun. Godefroy Maes avait le
génie de la composition; il avait étudié le Poussin et Pietre de Cortone. Il a laissé des tableaux
d'histoire d'une touche grasse et légère. Parle-
rons-nous de Robert Van Oudenaerde (1665-
1745), élève et imitateur de Carle Maratte, avec
une touche plus franche et plus vigoureuse?

Gérard Hoet, né à Bommel en 1648, mort à La
Haye en 1755, était un peintre érudit qui peignait
tout à la fois des grandes pages pour les églises,
des plafonds pour les hôtels et des tableaux de
chevalet pour les cabinets. Dans ses petits tableaux il rappelle Polemburg avec plus de dessin
et moins d'attrait; ses tableaux religieux ou historiques sont plus dignes de sa renommée. Il s'y
est montré grand artiste plein d'imagination, com-
posant l'allégorie en vrai poëte, harmonieux dans
sa couleur, savant dans les oppositions d'ombres
et de lumières. Les travaux gigantesques n'effrayaient pas son génie : il représenta dans une
grande salle, ancienne synagogue, les vertus chré-

tiennes sous la figure de belles femmes portées
par les nuages, avec les caractères et les attributs
qui les marquent, au-dessus d'un beau paysage
varié comme ceux de Berghem. *Le Banquet des
dieux*, son œuvre capitale, a été chanté par les
poëtes comme une page digne des poëtes. Hoet
eut beaucoup de peine à révéler son talent; il
vint en France et y fut réduit, pour gagner son
pain, à graver des paysages de Milé. Sa jeunesse
traversa toutes les douleurs de la pauvreté et du
génie méconnu. Heureusement qu'il retrouva par
la fortune et par la famille une seconde jeunesse
à quatre-vingts ans.

Bonaventure Van Overbeck, surnommé Romu-
lus, fut l'ami, l'élève et on pourrait dire le maître
de Gérard de Lairesse, l'élève avant son voyage d'I-
talie, le maître à son retour. Comme Gérard de Lairesse, il aimait les joies du corps autant que celles
de l'esprit. Il vécut et mourut dans la débauche,
laissant quelques tableaux où il avait prouvé sa
science de l'antique. Son œuvre capitale est son
grand recueil de gravures, qui parut après sa
mort sous ce titre : *Les restes de l'ancienne Rome*.

Théodore Van der Schuur, élève de Sébastien

Bourdon, fut plutôt un peintre italien qu'un peintre hollandais ; cependant il est né à La Haye et
il y est mort. Sa manière dans les grandes et petites pages rappelle à la fois Sébastien Bourdon,
Raphaël et Jules Romain. Il eut un élève célèbre,
Cornille de Bruyn, qui fut surnommé Adonis par
la bande académique, sans doute parce qu'il n'é-
tait pas beau. Il a beaucoup étudié et beaucoup
voyagé. On peut dire qu'il a fait le tour du monde,
le monde moral et le monde physique. Il a publié
ses voyages en Égypte, en Asie, parsemant son
récit de dessins de villes, de monuments, de costumes, de plantes et d'animaux.

Pierre Eyckens, surnommé le Vieux, a peint
des tableaux religieux avec un ton vigoureux et
une touche ferme ; il est plus près de la vérité que
du style, ses compositions ont plus le caractère
de la science que le caractère de l'inspiration ; la
nature fut son maître, aussi c'est la nature qui
parle dans ses tableaux.

Louis de Deyster peignit des tableaux de sain-
teté dans la manière italienne. Sa couleur est
chaude et dorée, ses airs de tête ne manquent pas
de caractère, ses draperies sont amples et bien

jetées. Comme Rembrandt, il sacrifiait beaucoup aux effets lumineux. Il avait au plus haut degré l'intelligence du clair-obscur. Ce qui lui manquait c'était la grâce ; il n'atteignait à la beauté que par la force et l'exubérance, jamais par la délicatesse et le charme.

Gérard Honthorst peut être regardé comme le Valentin ou le Caravage de la Hollande. Il aimait les scènes de débauche et de fureur. Il peignit avec passion *Judith coupant la tête d'Holopherne* et l'*Enfant prodigue* attablé chez les courtisanes. Il voyagea en Italie et vint se fixer à La Haye avec le titre de peintre du prince d'Orange. Il eut la gloire de compter parmi ses élèves l'abbesse de Maubuisson et la princesse Sophie, les deux plus belles femmes de leur temps. Il ne travailla que pour les princes et pour les châteaux. Né en 1592, il peignait encore en 1662 [1]. Ses tableaux du musée du Louvre ne sont pas les meilleurs ; ceux que j'ai vus en Hollande et en Italie sont d'une touche plus fière et plus vive.

[1] Rubens, visitant Honthorst à Utrecht, fut si content d'un tableau à peine ébauché de ce peintre, qu'il lui dit de le terminer pour son cabinet, honneur peu commun, car Rubens était difficile.

Gaspard Netscher naquit à Heidelberg en 1639. Son père était un pauvre sculpteur, qui avait passé sa vie à faire la guerre, errant de ville en ville, de désastres en désastres. Il mourut à la peine, laissant une femme et quatre enfants à la grâce de Dieu. Dieu n'accepta pas l'héritage, car « sa veuve, obligée de quitter Heidelberg avec ses quatre enfants, se retira dans un château fortifié, où elle eut la douleur de voir deux de ses fils mourir de faim dans ses bras. Elle eut le courage de se sauver avec sa petite fille et son fils Gaspard, qui n'avait que deux ans, pendant une nuit obscure qui la déroba aux yeux des ennemis dont le château était environné. » Elle chercha un refuge à Arnheim, où le médecin Tulsekens, son nom est bien digne de l'histoire, adopta son dernier enfant. Il voulait qu'il fût médecin, en conséquence il lui donna des maîtres de latin ; mais il découvrit bientôt que le jeune Gaspard Netscher n'avait de goût décidé que pour le dessin. Il le plaça chez Koster, un peintre d'oiseaux et d'ornements, où Gaspard ne tarda pas à montrer son talent précoce. Il voulut voir l'Italie ; le hasard l'attira à Bordeaux, la destinée l'attendait là. Il devint amoureux d'une Liégeoise qui allait s'embarquer pour les Indes ; il l'épousa ; elle n'alla point aux Indes, il n'alla point en Italie. Ils vinrent se fixer à La Haye, où Gaspard peignit tout à la fois le genre et le portrait. Il mourut jeune comme son père, mais laissant près de cent mille florins à ses neuf enfants. Ses deux fils, Théodore et Constantin, ont eu son talent pour le portrait en petit avec des fonds ornés et des figures épisodiques. Gaspard Netscher composait avec goût ses petites pages d'histoire. Il imitait les étoffes, le satin blanc surtout, à faire illusion. Son dessin est naturel, sa couleur dorée, sa touche moelleuse. Il avait l'intelligence du clair-obscur et drapait largement ses figures. Il répandait à propos des fleurs et des fruits. Il n'a jamais eu l'esprit de faire des sacrifices ; il épuisait sa sollicitude à tous les détails du tableau. Une certaine élégance domine dans son œuvre, surtout quand il traduit l'histoire romaine et la fable.

Cornille Poelemburg (1586-1660) partit tout jeune pour l'Italie, où il s'attacha à la manière d'Elzheimer et à celle de Raphaël, deux points extrêmes dans l'histoire de l'art. Il étudia longtemps ces deux peintres, sans jamais arriver à la science du dessin. Né Hollandais, il était né coloriste. Grâce à son coloris, à sa touche molle et légère, à sa galante imagination, il fit fortune à Rome, à Florence, à Londres, enfin à Utrecht, où il était né et où il avait voulu vivre. Qui n'a vu ses gracieuses compositions de nymphes au bain vêtues de l'air du temps? Un examen sévère leur nuirait beaucoup; mais, au premier regard, elles vous séduisent, en vous faisant respirer la rosée qui baigne leurs pieds légers. On ne saurait refuser à Poelemburg un rayon de poésie qui dore ses lointains.

Eglon Van der Neer voulut regarder, comme tant de réalistes de son pays, la nature de trop près; il copiait des fleurs qu'il cultivait lui-même, espérant les embellir encore. Il les coupait dans leur éclat et les apportait dans son atelier; mais, s'apercevant qu'elles se fanaient trop vite pour qu'il eût le temps de les copier, il se fit un atelier portatif qui le promenait à son gré par tout le jardin. Ainsi il pouvait saisir la nature vivante. Aussi on vantait à Bruxelles la fraîcheur de ses tableaux, qui étaient nommés les jardins de Van der Neer. Il ne peignait pas seulement des fleurs,

il était bon portraitiste et bon peintre de genre ;
il montrait même un goût distingué pour l'histoire. Sa touche rappelle un peu celle de Terburg
dans ses assemblées à la mode. Il eut trois femmes, qui toutes les trois peignaient avec talent,
surtout la seconde, qui était fille de Du Châtel.
La première lui laissa, le croira-t-on ? seize enfants, la seconde neuf ; la troisième en avait eu
douze ou treize.

Il fut le maître d'Adrien Van der Werff, qui
naquit près de Rotterdam en 1659, dans un moulin, comme Rembrandt, et mourut trois fois mil-
lionnaire, en 1722. Ce qui a perdu cet esprit distingué, c'est le succès de Miéris, c'est le mauvais
goût de toute la Hollande, tombée en pleine décadence. Van der Werff était né poëte ; toutes les
pages rêvées par Homère et par Virgile, il les avait
dans l'imagination. Malheureusement, il manquait
du feu de la création, ou plutôt son amour du poli
avait glacé sa touche. Avec beaucoup d'étude et
d'imagination, il fut donc le plus froid et le plus
doucereux des peintres. Il semble qu'il n'ait peint
que sur ivoire. Son nu n'a ni relief, ni mouvement,
ni vie. Les figures de Boucher ne sont nourries que

de roses, mais au moins elles sont nourries ; celles de Van der Werff n'ont mangé que du lait et des figues. C'est le dernier degré du poli. « Otez-moi ces magots de devant les yeux. » Cependant tous les contemporains de cet heureux peintre ont salué son immortalité, et l'artiste qui de son vivant fut le mieux payé en Flandre et en Hollande, ç'a été Van der Werff. J'ai vu de lui un *Jugement de Pâris* qui lui fut payé cinq mille florins par le régent. Le duc d'Orléans était pourtant né artiste, mais le mauvais goût est une épidémie qui ne respecte personne. Il y aurait de l'injustice à trop décrier Van der Werff ; son dessin est lourd et roide, sa couleur est éteinte, même dans sa fraîcheur ; mais il n'a jamais montré un goût mesquin ; ses draperies sont larges et bien jetées ; il bannissait les petits ornements, il avait du style dans son architecture. Ce qu'il faut encore louer en lui, c'est l'art de grouper les figures ou de les répandre dans le paysage. Après tout, Van der Werff n'est-il pas digne de l'Albane ? Il n'est pas meilleur, mais est-il moins bon ? Il a eu deux élèves qu'il faut confondre avec lui, son frère Pierre Van der Werff et Henri Van Limborg.

Nicolas Verkolie peignit dans le goût de Van der Werff. Il fut recherché pour ses portraits ; le sien a inspiré des vers au poëte hollandais Boyaert. Ses petits tableaux bibliques sont d'un poëte qui écrit avec un pinceau.

Un des derniers peintres dignes de remarque en Hollande, c'est une femme, Henriette Wolters, née à Amsterdam en 1692. Elle dessinait déjà des figures à sept ans ; elle étudia en copiant en miniature des portraits et des tableaux de Van Dyck. Son petit pinceau avait une vigueur et un éclat qui surprirent tous les amis de son père. De la miniature elle passa à la peinture, sans rien perdre en énergie et en talent ; mais elle revint bientôt à la miniature. Elle fut célèbre en peu de temps. Pierre le Grand, passant à Amsterdam, lui fit pompeusement une visite et lui offrit douze mille livres de rente à sa cour. Elle répondit avec un certain accent de fierté nationale qu'elle ne voulait pas vivre dans le tourbillon et l'esclavage. C'était une républicaine décidée. Le roi de Prusse, Frédéric-Guillaume, à son tour, la visita et chercha à l'emmener à Berlin. « Je n'irai jamais à la cour de Prusse, je n'aime point les gouvernements despotiques ; je suis née Hollandaise, c'est-à-dire libre. » Charlotte Corday et madame Roland n'eussent pas mieux parlé. Henriette Wolters fut recherchée pour sa beauté comme pour son talent. Cette femme, digne à tant de titres d'une renommée durable, eut encore le bonheur de ne pas mourir vieille.

Ary de Voys, qui fut paresseux jusqu'au sublime, imitait Polenbourg dans ses jours de rêverie, comme il imitait Brauwer dans ses jours de belle humeur.

Charles de Moor (1656-1738) peignit dans de petits cadres l'histoire et la page romanesque. Il fut très recherché pour ses portraits tour à tour dans la manière de Van Dyck et de Rembrandt. Il aimait la grâce et la vigueur. Il avait du goût dans son dessin et du feu dans son coloris.

Il ne faudrait pas oublier Philippe Van Dyck (1680-1752). Il ne fut pas seulement un peintre d'histoire romanesque ; il peignit quelques grands tableaux, même des plafonds. C'était en outre un portraitiste qui pouvait sans trop rougir signer son glorieux nom de Van Dyck.

XV.

INTÉRIEURS D'ÉGLISE.

STEINWICK. — PETER NEEFF. — DE WITTE.

Je n'ai jamais compris les peintres d'intérieurs comme les Steinwick ou les Neeff. C'est l'art encore, mais à son dernier degré. Les paysagistes, les peintres de fleurs et de fruits, représentent dans tout son éclat, dans tout son mystère, dans tout son sentiment, l'œuvre vivante de Dieu ; les peintres d'intérieurs ne représentent que l'œuvre inanimée des hommes. Ces peintres-là devaient naître en

Hollande, au milieu des réalistes. Les deux Steinwick font illusion pour leurs églises ou temples;
ce sont des modèles d'architecture, mais ils n'ont
pu y imprimer le sentiment religieux ; ce sont
des pierres. En vain le vieux Steinwick y répand
les tons sombres du recueillement, en vain son
fils y fait descendre gaiement la lumière du ciel :
Dieu n'y est pas.

Peter Neeff (1570-1651), élève du vieux Steinwick, est plus animé dans son architecture; il est
tout à la fois sombre et clair, vigoureux et trans-
parent ; il s'amuse à toutes les poétiques singularités des rosaces, des spirales, des ogives, des
colonnes à hautes tiges ; il saisit la grâce toute
céleste de l'ogive, l'élégance des filaments et des
ramifications qui courent sur les voûtes comme les
lettres bizarres d'un mystérieux poëme. Les intérieurs de Peter Neeff sont remarquables en outre
par les contrastes intelligents de la lumière ; il
passe du jour à l'ombre avec une vapeur aérienne
d'un grand artifice. Son fils l'a suivi, mais à
distance.

Emmanuel de Witte (1607-1672) n'était pas
moins savant sur la perspective et sur les oppo-

sitions de lumière. Peut-être est-il moins patient
et moins fin, mais il a plus d'esprit. Peter Neeff ne
sut jamais peindre une figurine. Les Franck, les
Teniers, les Breughel, répandaient dans ses églises
des religieux, des prédicateurs, des baptêmes, des
enterrements, des messes de minuit. Emmanuel
de Witte peignait lui-même ses figures avec beaucoup d'esprit ; sa touche était sûre et sa couleur
harmonieuse.

La Hollande a eu d'autres peintres d'intérieurs
d'église plus ou moins estimés, comme Lievin de
Witte, Théodore Babeur et Jacques Bloek, dont
Rubens a fait l'éloge, ce qui le dispense du nôtre.
Pierre et Jean Bronkhorst sont dignes de l'histoire,
le premier par ses intérieurs, le second par ses
vitraux.

XVI.

LES PAYSAGISTES.

I.

Jean Van Eyck, qui descendait Dieu sur la terre au lieu de s'élever jusqu'à Dieu; Jean Van Eyck, qui ouvrait de vertes et aventureuses échappées dans les fonds d'or de l'école de Cologne, fut le premier paysagiste flamand. C'est déjà la belle prairie de Gand et la montagne boisée des bords de la Meuse qu'il reproduit dans ses fonds aériens. Patenier, de Bles, Van Helmont, presque tous les paysagistes du xve siècle, ont étudié d'après Jean Van Eyck.

Les paysages de Van Eyck resplendissent sous les rayons d'un soleil d'avril ou de mai, c'est le printemps dans tout son vif épanouissement. Les paysages de Hemling sont ceux de l'été : verdure plus sombre, arbres plus touffus, ombres plus vigoureuses, masses de lumière plus grandes et plus calmes : c'est un peintre austère, même devant le sourire de la nature.

Les premiers paysagistes hollandais n'ayant pas sous les yeux la grandeur des lignes, la majesté des horizons, l'éclat pittoresque des sites, cherchèrent bien plutôt la couleur que le style, ils s'attachèrent plus ardemment au détail qu'à l'ensemble, ils ne cherchèrent pas à réunir beaucoup d'effets dans un tableau : la moindre échappée les séduisait. Ainsi une vache agenouillée dans l'herbe, un bateau sur le canal, une cascade au coin d'un bois, une maison au bord de l'eau, voilà de quoi contenter vingt artistes épris du simple spectacle de la nature.

Le premier paysagiste hollandais fut Albert Van Ouwater, qui fut d'ailleurs le premier peintre

connu à Harlem, où il fit école après avoir sans
doute étudié les chefs-d'œuvre de Van Eyck. On
n'a jamais poussé plus loin, avant Ruysdaël, la
science de la perspective et la poésie des horizons.
Albert Van Ouwater vivait au commencement du
xv° siècle. Vers le même temps, à Bois-le-Duc, le
premier peintre de fleurs et de fruits, Jean Bosch,
luttait avec Dieu par l'éclat et la vérité. Il trouvait
sur sa palette toutes les délicates nuances des lys
et des roses, des pêches et des raisins. Il ne manquait à ses créations, pour qu'elles fussent égales
à celles de Dieu, que le parfum, qui est l'âme des
fleurs et des fruits.

De tout temps les Hollandais furent surtout des
paysagistes; ce n'est pas seulement à Harlem et
à Bois-le-Duc qu'on voit poindre cette aurore de
l'œuvre de Dieu. Dans le même siècle, à Leyde, à
Groningue, en Ostfrise, à Wick-sur-Mer, en Noord-
Hollande, sur tous les points de ce pays sans paysages, il s'élève un paysagiste. Il faudrait tout un
volume pour inscrire seulement le nom et l'œuvre
des paysagistes que compte la Hollande, depuis
Albert Van Ouwater jusqu'à Hobbéma, depuis
Jean Bosch jusqu'à Van Huysum. Ce n'est point ici

le lieu de faire un catalogue. Contentons-nous d'étudier les trois hommes qui marquèrent le plus vivement ; cependant indiquons au passage, à leur point de départ, les trois tendances, le réalisme, l'imagination et le sentiment, qui ont prédominé et qui se sont combattues jusqu'au jour où elles ont eu leur personnification bien distincte dans les trois artistes hors ligne que nous nous proposons d'étudier à part : Berghem, Paul Potter, Ruysdaël.

C'est d'abord la manière poétique et finie de Van Eyck que saisissent les premiers paysagistes. Dès le début, ils ont trouvé la science de la perspective ; ils sont un peu secs et froids ; mais pourtant comme leurs paysages sont bien plus vivants que ceux d'Italie ! Patenier atteignait presque au style par la belle forme de ses arbres et par l'art de son pointillé [1]. De Bles a surpassé Patenier par le coloris. Van Helmont, vanté par le savant Lampsonius, était poétique et vrai. Schoreel peignit sur les bords du Jourdain et rapporta en Hollande des paysages des îles de

___

[1] Comme signature il peignait sur chacun de ses tableaux un

Chypre et de Candie, des ruines de Rome, des
vues de Venise; lui et les Kock furent des paysagistes d'imagination; ils n'appartiennent guère
plus à la Hollande que Berghem, qui, un siècle
plus tard, empruntait les tons chauds de l'Italie
pour animer ses prairies de Harlem. Cependant
un bon poëte et un grand comédien, Grimmer,
peignait alors par distraction, telle qu'il la voyait,
la nature hollandaise avec sa sève puissante et sa
rusticité. Pierre Breughel vint, avec son école,
ramener la rêverie dans ses fonds bleus, impossi-
bles et charmants, que reproduisit plus tard, avec
plus de poésie encore, Breughel de Velours. Wal-
kemburg, comme Grimmer, fut bien de son pays :
dès qu'on approche d'une de ses toiles, on salue
la Flandre. Molenaer, le grand artiste insouciant
qui éparpilla ses forces avec tant de prodigalité,
qui peignait pour sept à huit sous des fonds tou-

---

petit bonhomme accroupi on devine pourquoi. C'était là le cachet, le coin, le monogramme de Patenier.

Patenier était le plus grand ivrogne de son temps.

« Le soleil ne l'a jamais vu
Tant fût-il matin qu'il n'eût bu,
Et jamais, jamais la nuit noire
Tant fût tard ne l'a vu sans boire. »

jours remarquables dans les tableaux de la plupart de ses contemporains, puisait tout à la fois son talent dans la vérité et dans l'imagination. Les Bril sont un peu géographes dans leurs paysages; cependant le naturalisme ne les envahit pas; ils savent à propos chercher l'effet par l'imagination. Savery, quoiqu'il eût passé deux années à peindre les montagnes du Tyrol, était un paysagiste du Nord, presque un précurseur d'Everdingen. Dans son œuvre variée, on reconnaît tour à tour l'influence des Breughel et des Bril. C'est le même fini, le même feuillé, la même sécheresse de touche. Winckenbooms a laissé des paysages d'une couleur plus séduisante que vraie. Il recherchait trop les oppositions précipitées. Il manque d'air et d'harmonie. Sneyders, avec sa touche savante et fière, sa couleur chaude et dorée, vient donner plus de caractère au paysage. Wildens, qui naquit en même temps que Rubens et peignit des fonds dans les tableaux de ce grand maître, fut un des premiers, avant Ruysdaël, qui créa des paysages de sentiment. Tour à tour vague et prononcé, libre et fidèle, son pinceau saisissait toutes les nuances, tous les effets, toute l'harmonie de la terre et du ciel. Poelemburg, qui étudia et qui voyagea beaucoup, fut encore un paysagiste d'imagination, confondant tous les pays, peignant des ruines romaines en pleine campagne hollandaise, faisant danser des nymphes sous le ciel d'Utrecht. Seghers, le jésuite, abrita sa poésie sous des guirlandes de fleurs d'un vif éclat, peintes largement. Qui n'a admiré ses lys blancs et ses roses rouges, ses tiges moussues et ses feuilles vivantes! Quelle transparence! quelle couleur harmonieuse! quelle légèreté aérienne! Asselyn fut un réformateur; quand il revint d'Italie, où il avait vu Claude Lorrain à l'œuvre, il protesta contre les teintes vertes et bleues de l'école de Breughel, de Bril et de Savery. Les Moucheron, ses élèves, n'ont pas comme lui l'apparence du style ni la science des effets pittoresques; avec leurs belles perspectives, ils tombent dans la monotonie, parce que leur touche n'est ni large ni variée. Kierings copiait la nature avec trop de pratique et de servilité. Il en saisissait moins l'accent que le détail. Van Uden, qui peignait aussi des paysages dans les tableaux de Rubens, saisissait le sentiment et la vérité. Il avait son atelier ordinaire en pleine campagne, comme plus tard Ruysdaël. Son coloris est naturel, tantôt tendre, tantôt vigoureux, mais un peu monotone; ses lointains sont baignés de vapeurs aériennes. Van Asch reproduisait les environs de Delft avec une touche vive, vraie et originale. Son maître, Pierre de Molyn, était un grand coloriste dans ses ciels et ses horizons. Albert Cuyp, né la même année que Rembrandt, vint, avec ses clairs de lune et ses prairies si bien peuplées, ses manéges bruyants et ses rivières tranquilles, élever le paysage au point de l'art et de la vérité. Ruysdaël seul peut-être s'est élevé au-dessus de Cuyp, parce que le sentiment ne peut être égalé ni par la finesse de touche ni par l'éclat de la palette. Rembrandt fut comme Rubens, nous l'avons dit, un grand paysagiste, d'un souffle tout divin. David Teniers était bien moins un paysagiste qu'un peintre de *paysanneries*. Les Both, avec leurs échappées étincelantes, sont plus Italiens que Hollandais; ils sont nés du Lorrain et du Bamboche. Wynants fut réaliste sans brutalité; il ne sépara pas la nature de ce rayon de poésie dont Dieu la dore et l'anime. Il éclate en beautés pittoresques. Tout en gardant l'effet de l'ensemble, il fut plein de sollicitude pour le détail. Pinaker rappelle Wynants par la touche et la variété; il excellait dans les oppositions de lumières, dans les vapeurs aériennes et dans les eaux qui réfléchissent le ciel. Adrien Van der Velde, autre élève de Wynants, a saisi la nature dans toute son expression, avec une chaleur qui frappe et surprend. S'il égale Wynants, il égale aussi Paul Potter par le mouvement et la vie; il arrive, par une autre manière, à la magie de l'imitation. Jean Hakkert alla étudier en pleine nature, soit en Suisse, soit en Allemagne; il fut poétique et original, ayant en mépris les aspects déjà connus; il aimait les roches pendantes sur l'abîme, les sombres cavernes, les bruyants précipices; et puis tout d'un coup, comme pour se reposer, il choisissait les sites les plus élégants, les arbres élancés, les parcs semés de plantes rares. Il luttait hardiment avec toutes les bizarreries de la nature. Il lui arrivait d'entrer dans une forêt et de peindre mot à mot, sans toutefois affaiblir l'effet, les grands arbres qu'il avait sur la tête. Zacht-Leeven passa sa vie à représenter les bords du

Rhin, non loin d'Utrecht. Dans sa jeunesse, il imitait la nature mot à mot; plus tard, il se laissa prendre par la fantaisie qui domina Wouvermans et Berghem; seulement il fut plus aérien dans ses ciels. Otho Marcelli, qui habita la cour de France sous Marie de Médicis, fut franc naturaliste, mais plus occupé des insectes et des reptiles que des animaux et des prairies. Il avait une ménagerie célèbre près d'Amsterdam. Van Artois débuta comme un artiste inspiré et finit comme un grand seigneur. Dans sa jeunesse, il vivait avec familiarité intime avec la nature, comme son maître Wildens; devenu célèbre, il vécut dans la familiarité des hommes de cour, qui ne lui laissèrent plus le temps d'étudier. Ses premiers tableaux sont des œuvres de prix. Sa manière était grande et large. Ses arbres ont de belles formes; « ils paraissent en mouvement dans l'air, » disait Teniers. Il se préoccupait des détails comme de l'ensemble. Il abusait même quelquefois des plantes, des ronces, des joncs et des mousses sur le devant de ses tableaux. Son élève Huysmans, de Malines, arrive quelquefois aux magiques effets de Rembrandt; ses ciels et ses lointains sont baignés de rayons, comme ceux de Both et d'Asselyn. C'est le goût italien avec plus de sève. Nous ne reparlerons pas davantage de Wouvermans, qu'il faut étudier pour ses haltes, ses foires, ses charrettes embourbées, ses abreuvoirs et ses chasses, plutôt que pour ses paysages. Swanevelt, le farouche, qui vivait seul entre un tableau de Claude Gelée et une colline, a presque rappelé la fraîcheur odorante du Lorrain. Breenberg n'a conservé de son pays, en voyageant ailleurs, que la finesse de touche. Everdingen est le vrai roi de son pays. Saluons la nature du Nord dans ses forêts, ses chutes d'eau et ses rivages couverts de neige! C'est aussi un peintre de sentiment; car on s'attache à ses tableaux comme si on devait y trouver quelque pensée pour le cœur attristé. On voit régner ensuite ce robuste paysan qui s'appelle Hobbéma, un paysan de génie énergique et profond. Il semble que Hobbéma et Huysmans aient emporté le secret de la nature; car, après eux, l'ouvrier patient domine l'artiste inspiré, témoin Ommeganck. Pourtant n'avons-nous pas salué, il n'y a pas longtemps, par la voix de Diderot, Lutherburg et Waterloo, un poëte et un réaliste qui ont l'effet et la vie de l'art épanoui en pleine vérité?

II.

LE RÉALISME : PAUL POTTER.
L'IMAGINATION : NICOLAS BERGHEM.
LE SENTIMENT : JACQUES RUYSDAEL.

Paul Potter pouvait parler de ses ancêtres; il était issu, par sa grand'mère, de la maison d'Egmont. Son grand-père était receveur de la Haute et Basse-Swaluwe; enfin tous ses ancêtres avaient à peu près gouverné la ville d'Enkuisen, où il naquit, en 1655, d'un peintre médiocre, il est vrai, qui vivait à grand'peine de son petit talent à peindre les animaux. Pierre Potter fut pourtant le seul maître de Paul Potter; mais le fils n'avait pas douze ans que déjà il surpassait le père. Il vivait en familiarité intime avec les vaches, les chèvres et les moutons. Dès qu'il avait une heure de loisir, il courait au Melkplætz, dans les prairies avoisinant la ville, pour observer les vaches de tout près pendant que les paysannes tiraient les pis jaillissants. Il lui arrivait de s'oublier au pied d'un arbre ou sur le bord d'un canal, contemplant non pas les splendeurs du monde inconnu, mais les airs de tête, les habitudes, les passions des animaux. Le pauvre Pierre Potter espérait bien que, dans ses tableaux, son fils daignerait prodiguer quelques coups de pinceau; mais la jeunesse, toujours ingrate, prend son vol sans vouloir regarder en arrière. Paul Potter trouvait que les tableaux de son père n'étaient guère meilleurs après ses retouches; il laissa le bonhomme à son œuvre et partit pour La Haye, à peine âgé de seize ans. A La Haye, il ouvrit une école (tous les biographes sont d'accord sur ce point) où quelques peintres, beaucoup moins jeunes, vinrent par curiosité. Ils y demeurèrent pour étudier[1].

---

[1] Ce fut, dit Descamps, un prodige dont il n'y a peut-être point d'exemple parmi ceux dont nous rapportons l'histoire. « Il fut, dès quatorze à quinze ans, un maître habile. Ses ouvrages, même de ce temps-là, figurent au milieu de ceux des plus grands. »

Il habitait à La Haye à côté de l'architecte Nicolas Balkenende, surnommé le Vitruve hollandais. Nicolas Balkenende avait une belle fille; aussi Paul Potter ne tarda pas à montrer une vive amitié au père. « Quel grand architecte vous faites! » lui disait-il en regardant sa fille. On ne devient pas follement amoureux d'une belle personne de vingt ans sans lui inspirer un peu ou beaucoup de passion. Mademoiselle Balkenende aima Paul Pot-

A vingt-sept ans, Paul Potter avait épuisé tous les trésors de la vie; à vingt-sept ans, il était vieux, fatigué, hors d'haleine. Depuis douze ans il n'avait pas eu de loisir. D'abord, dominé par l'amour de l'art, il s'était laissé bientôt dominer par l'amour de l'argent. Il n'a pas compris qu'il y avait d'autres horizons dans la vie. Au premier mauvais vent, il se laissa abattre; il inclina la tête comme un vieillard qui trouve que ce n'est plus la peine de lutter. Les envieux firent contre lui une levée de sarcasmes; on avait admiré ses tableaux, on les jugea. Il apprit que ceux-mêmes qui admettaient ses animaux pour de belles choses déclaraient ne pas accepter ses paysages. On disait

ter. Mais Paul Potter, s'étant avisé de demander la main de mademoiselle Balkenende, le Vitruve de La Haye leva fièrement la tête, regarda le peintre d'un air dédaigneux et lui répondit que jamais il ne donnerait sa fille à un *peintre qui ne peignait que des bêtes et non des hommes.* Paul Potter ne se rebuta point. Pour cette œuvre importante, « il mit en campagne les principaux de la ville, qui, plus justes appréciateurs du génie de Paul Potter, prononcèrent que Balkenende devait se trouver honoré de la recherche d'un pareil gendre. » L'architecte finit par comprendre qu'un peintre d'animaux n'était pas un peintre d'enseignes : il accorda sa fille à Paul Potter et n'eut pas lieu de s'en repentir. A peine marié, Paul Potter prit à lui seul une belle maison, qui devint pour ainsi dire l'académie de La Haye. Maurice, prince d'Orange, les ambassadeurs des grandes puissances,

que son talent était condamné à la monotonie; que
d'ailleurs c'était un talent en déclin, perdant
chaque jour en puissance et en vigueur. Son atelier devint peu à peu une solitude. Il s'aperçut un
jour que sa femme, qu'il voyait à peine depuis
quelques mois, était le seul ami qui lui fût demeuré fidèle. Et encore c'était une femme infidèle,
dit l'histoire. Il courut droit à elle, l'embrassa en
pleurant et lui dit : « Il faut partir! » Il quitta
cette ville, qui d'abord lui avait été si hospitalière,
qui déjà l'oubliait pour des gloires plus jeunes. Le
bourgmestre d'Amsterdam l'appelait depuis longtemps, il retourna dans cette autre ville, où il avait
quitté avec tant d'insouciance son vieux père et
ses jeunes amis. Il retrouva des admirateurs à

les personnages de la Hollande, les savants, les lettrés, les artistes, s'y rencontraient à toute heure. Paul Potter peignait
comme en se jouant au milieu du bruit. Il était lui-même un
des plus vifs parleurs. Il ne manquait ni d'esprit ni d'humour.
Il passait aisément de la mélancolie à la gaieté. Il aimait la comédie et même les farces d'atelier. Il ne fut pas toujours d'un
goût exquis dans sa manière de plaisanter. « La princesse Émi-
lie, douairière et comtesse de Zolms, lui commanda un grand
tableau pour son appartement; Potter voulut se surpasser lui-
même. Mais un courtisan rapporta à la princesse que l'objet
principal du tableau représentait une vache qui pisse. » La princesse lui fit dire qu'elle voulait une vache couchée dans
l'herbe.

Amsterdam; le bourgmestre lui acheta tous les tableaux qu'il lui plairait de faire ; il vit s'épanouir sa petite fille sous les caresses d'une mère toujours belle, et, partant, toujours bonne. Tous ces bonheurs ne purent le relever. Il tenta de se consoler dans un travail obstiné : il peignit depuis l'aube jusqu'au crépuscule ; il alluma sa lampe pour graver à l'eau-forte ; il n'alla plus dans les prairies qu'un crayon à la main. Il ne survécut pas long-temps à ce terrible régime. Ce grand homme mourut à moins de vingt-neuf ans. Que d'autres artistes sont morts ainsi, épuisés par un labeur surhumain ! Comprend-on cet aveuglement ? Comment Paul Potter, l'ami des vaches et des bouviers, celui qui comprenait si bien l'indolence des grands bœufs, n'a-t-il pas pris le temps de respirer en pleine prairie dans la paresse bénie des poëtes ? Il ne savait donc pas qu'ainsi courbé sur le travail il allait tout droit à la tombe ? Il n'y a que l'amour qui repose les vrais artistes ; or, Paul Potter trompé par sa femme ne reposait pas son front sur un cœur coupable [1].

1. Cette belle femme, qu'épousa Potter, avait beaucoup de peu

Paul Potter surprend plutôt qu'il ne charme; c'est la nature elle-même qu'il a fixée sur sa toile comme dans un miroir. Il n'a pas attendu que le nuage qui passait dans son ciel fût éclairci ou doré par un rayon de soleil; il n'a pas recherché tel arbre ou tel feuillage; il a vu, il a peint. Aussi est-il toujours vrai, quelquefois trop vrai. Dans son temps, on était si bien accoutumé au paysage italien, qu'on l'accusa de voir faux quand il donnait à ses prairies ce vert tendre et argentin qui

chant pour la galanterie : à peine fut-elle mariée, que chaque jour augmenta le nombre de ses adorateurs. Notre peintre, tout occupé de son travail, voyait d'abord tranquillement les amants de sa femme, qui ne se donnaient pas même la peine de sauver les apparences; mais la sécurité de Potter ne fut point de longue durée. Il surprit un jour sa trop complaisante épouse avec un de ses galants, et la surprit dans l'instant le plus critique pour elle. Ne pouvant se dissimuler sa honte, notre peintre, à l'exemple de Vulcain, s'avisa d'entourer les deux coupables d'un réseau qui servait à chasser les mouches de son cheval; et, après les avoir liés avec de fortes cordes qui se trouvèrent sous sa main, il se montra beaucoup plus sage que le mari de Vénus : il les fit voir dans l'état le moins équivoque, non à une foule de spectateurs, qui ne pouvaient que se moquer du pauvre mari, mais aux nombreux amants de sa non chaste moitié. Les galants, furieux de l'infidélité de la belle, se retirèrent pour toujours. La dame, confuse et repentante de sa faute, demanda son pardon; Paul Potter pardonna. » *Les Beaux-Arts chez tous les Peuples.*

est la verdure naturelle adoucie par l'air ambiant. Berghem, plus séduisant par ses tons chauds, donnait tort à Paul Potter. Au xviie siècle comme aujourd'hui, les peintres ne voulaient pas admettre que les prés fussent verts; quand le gazon n'était ni roux, ni gris, ni sale, ce n'était qu'un gazon d'écolier. Cependant qui oserait dire que la prairie n'est pas verte dans la patrie de Paul Potter, comme le ciel est bleu dans la patrie de Raphaël?

Ce qui distingue Paul Potter à un si haut degré dans ses animaux, c'est qu'il est en même temps énergique et naïf; il saisit le mouvement de la bête et son expression avec une candeur sans égale. Il prouve victorieusement que les bêtes ont une âme, un esprit, une pensée. Ses animaux vous parlent par leurs yeux, par leurs mouvements, par leurs attitudes. « En les fixant longtemps, disait Vernet, on croit respirer la saine odeur qu'ils exhalent. » Paul Potter aimait en tout la simplicité; de rien il faisait un tableau : un peu de gazon, quelques grandes fleurs des champs, un maigre arbrisseau, un coin de ciel, voilà pour lui un sujet bien assez compliqué. Il se complaisait même dans une simplicité toute rustique. S'il peignait un cheval, il ne voulait jamais pour modèle un cheval fastueux, fier de son harnais doré, ni un cheval de bataille dressé au bruit de la guerre; il allait en pleine prairie ou sur le bord du chemin. S'il peignait une figure humaine dans ses paysages, il ne s'inspirait pas des souvenirs de l'Arcadie; il représentait le premier pâtre venu, un bon paysan hollandais qui sentait bien son terroir. Il savait franchement représenter la nature à toute heure et en tout temps. Comme ses taureaux mugissent bien! comme on sent bien le lait dans les pis de ses vaches! comme on voit bien l'humidité du mufle de ses génisses! Nul n'est parvenu comme ce maître à montrer un bœuf qui s'agenouille sur la prairie ou un cheval qui marche dans l'abreuvoir. Il a merveilleusement compris la simplicité et la bonhomie de la nature; il est naïf jusqu'au sublime. Il arrivait presque au style à force de vérité, comme par la largeur et la solidité de sa touche. Jamais paysagiste ne fit mieux sentir l'ostéologie de ses quadrupèdes, soit qu'il peignît des chevaux, des vaches ou des moutons. On le reconnaît aussi à la netteté de ses ciels ; à la vérité de ses mufles et de ses narines, à sa manière toute originale de peindre le flou et le velouté du gazon, à ses arbres à demi dépouillés dont il dessinait somptueusement l'écorce ; au poil de ses animaux, étudié d'un pinceau si ferme et si vrai. Les rêveurs le reconnaissent à l'air de béatitude qu'il a donné ou plutôt qu'il n'a fait que rendre à ces grands bœufs nonchalants qui peuplent la Hollande, le paradis de l'herbe fraîche et tendre.

Le plus célèbre tableau de Paul Potter est son taureau de grandeur naturelle qui est au musée de La Haye ; à mes yeux, c'est un de ses plus faibles ; il est peint avec cette vérité désespérante qui fait la gloire de Gérard Dow ; on peut admettre le fini pour les petits tableaux qui par leur cadre restreint se rapprochent des œuvres de la miniature ; mais dans un grand cadre, l'artiste qui peint à la loupe trahit tout à la fois l'art et la vérité [1].

____

[1] Et cependant ce tableau de Paul Potter, qui ne dit rien à l'imagination, qui n'a pas même l'accent pittoresque du réalisme, a été vendu deux cent quinze mille florins. Apelles, Phidias, Raphaël, Michel-Ange, n'ont jamais été estimés si haut.

Nicolas Berghem est né à Harlem en 1624 ; son nom de famille était Van Haerlen. S'il faut en croire le chevalier Charles de Moor, Nicolas, encore enfant, fut un jour poursuivi par son père chez Van Goyen, dont il était l'élève. Van Goyen aimait Nicolas jusque dans ses espiègleries ; il arrêta le père sur le seuil de l'atelier, et, se tournant vers les autres élèves, il leur dit : *Berghem*, ce qui signifie : Cachez-le. Le nom lui resta.

Pierre Van Haerlen était un assez mauvais peintre, qui gagnait son pain à copier avec patience pour les bourgeois de la ville des poissons, des vases d'argent, des magots de la Chine, des fruits, des oiseaux et des sucreries. Berghem commença à étudier sous son père, mais il comprit bientôt que Van Haerlen était un maître qui ne pouvait que devenir fatal à son jeune talent. Il alla prier Van Goyen de l'accueillir en son atelier. Son père lui prédit qu'il ne ferait rien qui vaille, voulant dire qu'en abandonnant les natures mortes il laissait échapper la fortune. En effet, avec un peu de talent, ou plutôt avec un peu de métier, le père trouvait un bon produit dans son œuvre journalière.

Berghem, comme toutes les natures bien douées, n'était pas homme à rester longtemps dans la même école. De l'atelier de Van Goyen il passa dans celui de Nicolas Moyaert ; bientôt après il entra chez Pierre Grebber ; enfin, séduit par les merveilles de Weeninx, il lui demanda la grâce de travailler sous ses yeux. « Tous ces maîtres, dit Descamps, il les a surpassés ; il ne leur a laissé que la gloire de l'avoir eu pour élève et de travailler quelquefois avec lui. » Chez Weeninx lui-même il ne demeura que peu de temps. Toujours impatient des choses inconnues, il ouvrit lui-même un atelier ; mais il devait avoir un cinquième maître : voici comment. Il avait remarqué à l'église une jolie fille dont la candeur et la grâce un peu chiffonnées le séduisaient de jour en jour davantage ; c'était l'unique enfant d'un paysagiste assez remarquable, Jean Willis. Pendant six mois, il se contenta de la suivre quand il la rencontrait dans la rue et de l'adorer quand elle priait Dieu à l'église. Éperdument épris, il s'en alla un jour à l'atelier de Jean Willis : « Jusqu'ici j'ai pris des leçons de tous les bons maîtres ; il ne me manque que les vôtres. » Jean Willis connaissait la manière hardie

de Berghem dans les ciels, les eaux et les figures.
« Je n'ai rien à t'apprendre, lui dit-il ; mais, s'il te
plaît d'étudier ici, je serai fier de peindre en si
bonne compagnie. » Le bonhomme s'aperçut bientôt que Berghem n'était pas précisément venu
pour ses leçons ; il ne se passait pas de jour que le
jeune paysagiste n'appelât mademoiselle Willis à
l'atelier pour lui demander des conseils. Un soir,
le père les surprit formant un joli groupe à la
fenêtre. « C'est assez de leçons comme cela, mes
enfants ; il est temps d'en finir. Je ne suis pas fâché de vous donner ma fille, vous n'êtes pas fâché
de la prendre ; c'est bien trouvé. Appelez votre
père et nous signerons le contrat. » En ce temps-
là, dans la bonne ville de Harlem, les amoureux
finissaient toujours par s'épouser : Berghem offrit
de signer le contrat des deux mains. Cependant la
fille de Willis n'apportait en dot que sa bonne mine
et sa jolie figure. Mais un artiste qui tient sa fortune sur sa palette doit-il demander une autre
dot ? Berghem loua une petite maison aux portes de
la ville, en vue des riches pâturages, des lointains
brumeux et des soleils couchants. Il était l'homme
du monde le plus heureux ; il mettait en œuvre ce

rêve de toutes les âmes poétiques : l'amour et l'art.

Il espérait découvrir de jour en jour en sa femme ces mille charmes ingénus qui embaument le foyer; il disposa pour elle, au rez-de-chaussée de sa petite maison, sous son atelier, une chambre élégante. Or, un jour, dans l'après-midi, par un de ces rares soleils de Hollande qui donnent tant d'attrait au paysage et qui égaient si poétiquement les cœurs, Berghem, penché à sa fenêtre, semblait interroger la nature elle-même avant de donner à un paysage ces derniers coups de pinceau qui sont l'œuvre du génie. Sa femme survint; il la regarda tendrement, lui passa le bras autour du cou, baisa ses tresses blondes et lui dit avec ce doux accent qui part du cœur et que le cœur seul entend : « Le beau soleil! la belle femme! le beau paysage! » En prononçant ces derniers mots, Berghem avait entraîné sa femme devant son tableau. « Dieu merci! lui dit-elle, vous en êtes toujours au même point; c'est bien la peine de savoir son métier pour peindre comme une tortue! » Berghem regarda sa femme à diverses reprises : « Vous ne comprenez donc pas que les chefs-d'œuvre ne se font pas en courant?

Que dites-vous donc en voyant peindre votre
père, qui n'a que le génie de la patience? — C'est
un vieux fou qui perd son temps à repolir ses tableaux, qui n'en sont pas meilleurs pour cela.
Aussi voyez la belle fortune qu'il m'a donnée :
pour tout argent comptant, j'ai eu sa bénédiction.
Vous avez peut-être la belle idée d'en laisser autant à vos enfants; mais, grâce à Dieu, je veille-
rai sur vous et sur eux. » Berghem n'en revenait
pas ; c'était la première fois que sa femme parlait
ainsi. « Vous êtes folle, lui dit-il en essayant de
rire. N'avez-vous donc pas confiance en mon talent? ce paysage n'est-il pas vendu au juif Samuel
cent cinquante florins? — C'est vous qui êtes fou :
puisque le tableau est vendu, pourquoi y perdre
du temps? Que n'en commencez-vous un autre
sur l'heure? »

Berghem, quoique né libre et insouciant, se
laissa, on ne sait pourquoi, dominer par sa femme.
Après quelques mois de mariage, il se trouva pour
ainsi dire emprisonné chez lui; non seulement
sa femme ne lui permettait pas de sortir, mais
elle veillait sans cesse à ce qu'il ne perdît pas une
heure. Le pauvre homme, pour avoir la paix, se

laissait traiter comme un enfant, espérant d'ailleurs qu'après quelque temps d'un si singulier esclavage il parviendrait, à force d'argent gagné, à désarmer sa femme. Mais la fille de Willis était insatiable ; tous les historiens sont d'accord sur ce point. Voici ce que raconte Hagedorn : « Cette femme était d'une avarice extrême ; ce ne fut pas assez pour elle que son mari ne sortît point du matin au soir de son cabinet, il fallait qu'il travaillât sans discontinuer un seul instant. Quand elle ne pouvait être dans le même endroit, elle restait dans la chambre au-dessous de son atelier, et lorsqu'elle ne l'entendait ni remuer ni chanter, dans la crainte qu'il ne perdît un moment ou qu'il ne s'endormît, elle frappait au plancher pour le réveiller. Cette lésinerie fut poussée au point qu'elle s'empara de ce qu'il gagnait et ne lui laissa pas un sou à sa disposition. » Est-il possible qu'un homme de génie, tout bête qu'il fût, comme le sont un peu tous les hommes de génie, se soit laissé enchevêtrer dans un pareil esclavage ? On raconte que le pauvre Berghem, qui aimait beaucoup, — c'était sa seule joie après les joies du travail, — à acheter des dessins et des estampes, était obligé pour cela d'emprunter de l'argent à ses élèves. Il finit par avoir la passion des gravures, au point de payer soixante florins des épreuves comme le *Massacre des Innocents* de Raphaël par Marc-Antoine. Pour payer ces gravures, il parvenait la nuit à faire quelques ébauches qu'il vendait sans en parler à sa femme. Ses amis se moquaient un peu de lui sur sa manière de vivre en reclus; il était le premier, le pauvre homme, à se moquer de lui-même. « Si vous saviez, disait-il, comme l'argent que je gagne fait plaisir à ma femme! j'ai promis de vivre pour elle; si elle est heureuse, n'est-ce pas tout ce qu'il me faut? »

Just Van Huysum, élève de Berghem, le père du fameux peintre de fleurs, a rapporté que ce brave homme travaillait presque toujours en chantant. Just Van Huysum n'alla jamais une fois à l'atelier sans y trouver son maître, qui était à l'œuvre au soleil levant, en été comme en hiver. Il ne se plaignait jamais, pas même de sa femme. « Que voulez-vous? disait-il avec une résignation douce et mélancolique, je me console en peignant; *je vis bien plus dans mes paysages que dans ma maison.* » Il était de cette bonne école de philosophie qu'a chantée La Fontaine. Il avait toujours sur les lèvres quelque maxime consolante. Il n'avait pas d'enfants, mais il regardait ses élèves comme étant de sa famille.

Quelques historiens ont fait voyager Berghem en Italie, quelques autres déclarent qu'il n'est jamais sorti de la Hollande. Avec une femme comme la sienne, il ne pouvait guère se permettre un pareil voyage. A ceux qui découvrent chez lui des souvenirs de la campagne de Naples ou de Florence, on pourrait répondre qu'il fut avant tout un peintre de fantaisie, cherchant avec sollicitude tous les efforts de la nature, autant dans les tableaux des paysagistes d'Italie que dans les paysages de la Hollande. Cependant il est difficile de se prononcer sur ce point. Ne peut-on pas dire que Berghem, ne pouvant aller vivre sous le ciel de Naples, cherchait à se faire illusion en copiant des sites de ce paradis perdu et en empruntant au soleil ses plus chauds rayons [1] ?

---

[1] Lebrun affirme que certains tableaux de Berghem, témoin *le Coucher du Soleil à quatre heures*, ont été peints en Italie sur des toiles du pays. N'avait-on pas en Hollande des toiles pré

Jean Both, à son retour d'Italie, vint disputer la gloire de Berghem ; les académies et les amateurs se partagèrent sur la question de savoir quel était le plus grand paysagiste. Le bourgmestre de Dordrecht voulut que la cause fût jugée ; il demanda, en forme de concours, un tableau à Berghem et un tableau à Both. Le prix fut fixé à huit cents florins ; en outre, un riche présent devait être offert au vainqueur. Berghem se surpassa. Il peignit en peu de jours un paysage montagneux couvert d'une multitude d'animaux variés comme la *Création du monde* de Breughel de Velours. Son paysage surprit tous les juges ; on reconnut que ses animaux vivaient et que ses arbres avaient de la sève. Le paysage de Both, plus simple et plus vaporeux, digne souvenir de ceux de Claude le Lorrain, fut tout aussi admiré. Voici la décision des juges : « Messieurs, vous ne nous avez pas laissé la liberté du choix, et vous méritez tous deux le présent qui a été promis, puisque tous deux vous avez atteint au plus haut but de l'art. »

parées à Rome ? Certaines toiles de Ruysdaël et de Potter pourraient prouver qu'ils ont peint à Rome leurs prairies hollandaises.

Un grand seigneur l'entraîna au château de Benthem, près d'Utrecht, avec sa femme, en s'obligeant à le payer dix florins par jour. Il y demeura un an à peindre des chasses et des saisons dans les paysages d'alentour. Il s'était doucement accoutumé à la vie élégante et joyeuse du château, bien qu'il ne fût pas de toutes les fêtes ; mais sa femme ayant reconnu, tout compte fait, qu'il gagnait davantage à peindre chez lui, elle le décida à retourner à Harlem. Ce fut dans cette ville qu'il mourut, le pinceau à la main, en février 1683, au temps où naissait Van Huysum. Il était âgé de cinquante-neuf ans. On lui fit des funérailles dignes de son cœur et de son talent. Il fut inhumé dans l'église occidentale de Harlem. Sa collection d'estampes et de dessins fut vendue à un très haut prix. Or, qui recueillit cette fortune péniblement amassée par la fille de Willis ? L'histoire n'en dit rien. Sans doute quelque cousin qui n'avait jamais admiré les paysages du bon Nicolas Berghem !

L'imagination emportait très souvent Berghem loin de la nature. Cependant plus d'un de ses tableaux atteste qu'il a eu ses bonnes heures, où la vérité conduisait son pinceau. Ainsi il a représenté *le Matin*, *le Midi*, *le Soir* et *la Nuit*, sans laisser aucun doute au spectateur. Voilà les quatre tableaux :

Le Matin : le soleil se lève et dissipe le brouillard ; on sent encore la fraîcheur de la nuit ; la nature s'éveille toute silencieuse. Cependant les paysans reviennent au travail. Déjà le gazon, tout couvert de rosée, montre l'empreinte des pieds du bœuf nonchalant, qui va rejoindre la charrue, tout engourdi encore par le sommeil. D'un côté, c'est la fermière qui chasse son âne vers le marché; de l'autre, c'est le voyageur avec sa monture devant la forge du maréchal. Le mouvement n'existe pas encore, mais on sent que toute la création va s'agiter.

Le Midi : le soleil est au haut du ciel, la chaleur vous saisit, une vapeur oscillante embrase l'air de la vallée. Les vaches, toutes haletantes, abandonnent les pâturages et vont chercher l'ombre, les unes dans les creux des rochers, les autres sous les arbres touffus. Les pâtres, couchés sur l'herbe, partagent avec leurs chiens le frugal dîner.

Le Soir : le soleil s'incline vers l'horizon où s'étendent des sillons de couleur orange et pourprée. Les nues se confondent avec les lointains dans un ton violâtre et vaporeux. Les troupeaux s'en retournent à l'étable ; il semble qu'on entende leur mélancolique clochette. Pour fermer la marche, Berghem n'a pas oublié son éternel passage du gué. Le pâtre, pittoresquement juché sur un des chevaux confiés à sa garde, vient de prendre en croupe la paysanne qui a peur de tomber et qui s'appuie amoureusement contre le jeune gars.

La Nuit : une longue ligne d'un ton pâle et livide annonce que le soleil est couché depuis longtemps. Des voyageurs et des animaux traversent la prairie au clair de la lune. Dans la prairie, un marécage se présente devant eux ; ils allument des faisceaux de paille pour éclairer leur marche. La vive lumière de la paille répand une teinte brillante sur les terrains et se réfléchit dans l'eau avec un éclat éblouissant. Malgré cet épisode, on sent merveilleusement le calme et le silence de la nuit.

Le caractère de Berghem, c'est la liberté de touche, la variété, l'intelligence de la lumière et des ombres. Comme Ruysdaël, il a eu trois manières : la première, qui rapelle Weeninx était peu étudiée, jaune et roussâtre. Il n'atteignait alors qu'à une certaine vérité de convention qui n'avait ni style ni naïveté. Dans sa seconde manière il se rapprocha de la nature. Ce fut alors qu'il imita un peu Jean Both, Ruysdaël, Zacht-Leeven, Jean Meel. C'est dans cette seconde manière qu'il faut chercher ce maître pour le trouver avec toute sa force, avec sa touche large et pétillante, avec son amour du fini, avec son accent poétique et pittoresque. Dans sa troisième manière, on voit que sa facilité l'a perdu. On ne le retrouve plus vivant et ferme; sa couleur a pris des tons briquetés; son feuillé n'est plus soulevé par le vent; on ne respire plus dans ses gorges désertes; on ne se mouille plus les pieds en traversant son gué. Griffier, qui jusque-là avait en vain tenté de l'imiter, l'imita dans cette troisième manière, au point que les connaisseurs s'y trompent souvent. Cela prouve combien Berghem avait perdu.

Il composait avec beaucoup d'harmonie et de variété. Dans ses tableaux, ce sont toujours de grandes masses, où les détails, quelque finis qu'ils soient, n'interrompent pas les accords. Il excellait à tirer des tons vifs dans les ombres, qu'il reflétait par l'eau ou par les corps lumineux, en sorte que ses tableaux, bruns de premier abord, ont des effets clairs et transparents. Il répandait avec beaucoup d'art et de piquant des figures dans ses paysages ou dans ceux de son ami Ruysdaël. Ses animaux sont d'un dessin correct, d'une certaine finesse de touche, d'une couleur trop vive. Les divinités païennes lui étaient familières. Il aimait autant Io que la vache hollandaise de Paul Potter. En feuilletant son œuvre, on y trouve tour à tour des paysages historiques, des paysages de fantaisie et des paysages de son terroir. Tantôt c'est une paysanne romaine qui se baigne, tantôt c'est une églogue biblique comme *Ruth prosternée devant Booz*, tantôt c'est *Jupiter allaité par une chèvre*, tantôt c'est un site des environs de Harlem. Rien n'est plus varié : on y trouve des dames romaines en habit de chasse, un pêcheur flamand sur les bords d'un canal, une vue du Colysée, une vue d'Orient avec des esclaves, une vue de Groningue avec des matelots. Il a peint les saisons sous leurs aspects variés. On pourrait dire qu'il a représenté les trois cent soixante-cinq jours de l'année. En vrai poëte, il s'attardait aux derniers soirs d'automne. Il a représenté, dans ses heures de distraction, des scènes de charlatans, sans faire tort à Karel Dujardin. On a de lui quelques batailles qui manquent de fureur. Il a même peint un tableau religieux, mais c'était avant de se connaître lui-même. Cependant les critiques assurent que ce tableau, *la Vocation de l'apôtre saint Matthieu*, où Weeninx peignit des oiseaux, est un de ses plus considérables. On y remarque la variété des airs de tête et l'élégance de l'architecture [1]. Mais il faut se contenter d'admirer Ber-

[1] Comme la plupart des peintres de son pays, Berghem gravait à l'eau forte. On peut dire qu'il gravait avec sa manière de peindre. Sa pointe fine et spirituelle avait beaucoup de feu et de piquant. On connaît de lui une suite curieuse de moutons et de chèvres. J'ai vu une pièce curieuse d'assez grande proportion datée de 1652 et signée Berghem. Cette estampe, d'après le joli tableau de Bamboche, représente un pâtre jouant de la flûte sous une voûte sur le bord d'un puits ; près de lui une jeune fille, vue par le dos, file au fuseau et semble l'écouter. Son chien est à côté d'elle, des vaches et des moutons paissent dans la campagne. S'il y a un reproche à faire à cette eau forte, c'est qu'elle pèche par trop d'esprit, comme un grand nombre des tableaux de Berghem.

Il a aussi composé une série considérable de dessins au trait de plume, presque tous lavés au bistre ou à l'encre de Chine, que les plus fameux graveurs hollandais se sont disputés.

ghem dans son paysage habituel, qui est le roman
de la nature, comme le paysage de Paul Potter en
est l'histoire, comme le paysage de Ruysdaël en
est la poésie intime.

III.

Jacques Ruysdaël naquit à Harlem vers l'an
1635, peut-être en 1640. Son père était ébéniste,
un intelligent ouvrier. Né avec l'instinct de la
sculpture, il savait donner aux meubles qu'il
produisait pour son pays et pour les Indes un certain style pittoresque et charmant. Ce brave
homme, ayant gagné quelque argent, voulut faire
de son fils un médecin : Jacques Ruysdaël étudia
donc en conséquence; mais sa vocation n'était
pas dans la médecine. Il avait connu Berghem à
l'école des enfants : il alla le voir un jour et le
surprit à l'œuvre devant un paysage. Rien qu'en

L'œuvre de Berghem est immense. Les frères Wischer, Le Bas,
Alliamet, ont traduit ses meilleures créations avec un burin
digne de son pinceau.

voyant peindre son camarade, quoique à peine âgé
de douze ans, Ruysdaël sentit qu'il était né pour
faire la même chose. Berghem ayant déposé sa palette pour deviser plus librement avec lui ou même
pour jouer un peu, Ruysdaël saisit un pinceau et
barbouilla le ciel de Berghem avec une audace
qui étonna son ami [1]. On ne donne pas de maître
à Ruysdaël. Sans doute, Berghem lui fut d'un
grand secours, car nous l'avons dit, c'était un
homme d'esprit, un artiste savant, ayant possédé
de bonne heure toutes les ressources du métier,
sans jamais permettre au métier d'envahir l'art.
La nature surtout fut le maître de Ruysdaël. Il
étudiait en plein vent, par le soleil ou par la pluie,
courant les prairies et les bois. La nature n'avait

[1] De retour à la maison paternelle, Ruysdaël déclara à l'ébéniste qu'il avait la médecine en horreur et qu'il voulait devenir
peintre, comme son ami Berghem. « C'est un jeu d'enfant, dit
le brave homme. — Vous verrez si c'est un jeu d'enfant, » répli-
qua Ruysdaël avec tout le sérieux grotesque d'un enfant. Jusque-
là il s'était distingué dans les études latines ; le père, qui tenait
à ses idées, le renvoya à l'école et le recommanda plus sévère-
ment à la sollicitude des maîtres. Jacques Ruysdaël, nature
douce et timide, se soumit en silence ; mais, tout en voulant obéir
à son père, il ne put bannir de son cœur la passion de la peinture, qui déjà l'agitait. Ses historiens sont ici en contradiction :
Houbracken affirme que Ruysdaël s'était déjà signalé dans la

pas de secret pour lui ; il l'étudiait avec amour. On l'a surpris, comme plus tard notre La Fontaine, rêvant du matin au soir sous le même arbre émerveillé des richesses semées à ses pieds, ne voyant pas seulement l'œuvre de Dieu, sentant que Dieu lui-même était dans son œuvre.

Presque tous ses biographes déclarent qu'il ne consentit jamais à se marier, ne voulant vivre que pour son père. Quelques-uns affirment qu'une passion malheureuse l'éloigna du mariage. Nous partageons plutôt cette dernière idée. Si le cœur

chirurgie par plusieurs opérations brillantes avant de commencer à peindre ; cependant tous les autres historiens, s'appuyant sur des tableaux signés et datés, déclarent qu'à l'âge de douze ans, c'est-à-dire en 1647, Ruysdaël avait déjà peint sept ou huit paysages dignes de son talent. Sans trop nous élever contre les merveilles des enfants illustres, nous n'ajoutons pas foi à ces talents qui se relèvent tout d'un coup, sans l'étude, sans l'expérience, sans le temps, qui est un si grand maître. Il faut croire plutôt à quelque supercherie d'un peintre qui, déjà célèbre à vingt ans, aura voulu augmenter sa célébrité par des œuvres attribuées à son enfance. D'ailleurs, on n'est pas bien fixé sur l'époque où naquit Ruysdaël.

Quoi qu'il en soit, ce grand paysagiste, une fois sûr de son pinceau, abandonna la médecine et courut à Amsterdam, près de son ami Berghem, qui l'accueillit comme un frère. Ceux-là seuls peut-être entre tous les artistes vécurent sans jalousie, en communauté de gloire, comme on l'a dit, sans jamais vouloir partager.

de Ruysdaël n'eût jamais battu que pour un sentiment filial, ses paysages nous toucheraient moins,
tout bons fils que nous soyons. Maintenant, quelle
a été cette passion malheureuse? On interroge en
vain tous les historiens de l'art hollandais, les
poëtes de Leyde et de La Haye. Mais, comme nous
l'avons dit déjà, il n'y a de littérature nationale en
Hollande que celle qui palpite dans les tableaux :
les poëtes comiques sont Brauwer, Steen et Teniers ; les bucoliques sont Berghem et Paul Potter ;
les élégiaques, Ruysdaël et Everdingen ; les philosophes, Lucas de Leyde et Rembrandt ; les romanciers, Ostade et Metzu, Gérard Dow et Terburg ;
les poëtes légers, Seghers et Van Huysum. On
trouverait toutes les nuances, on ferait le tour du
cercle.

Les biographes de Ruysdaël, le poëte des cœurs
blessés, ont mieux aimé expliquer ses tableaux
(expliquer les tableaux de Ruysdaël!) qu'étudier
son âme. Puisqu'ils n'ont pas raconté le roman de
sa vie, le champ est plus vaste pour les rêveurs.
Nous avons mille fois suivi Ruysdaël dans ses paysages : nous l'avons vu s'asseoir devant la cascade
qui emportait ses larmes, nous l'avons accompa-

gné dans la sombre forêt où se perdaient ses soupirs ; peu à peu nous avons surpris son secret : il aimait ! C'était quelque fraîche et douce fille d'Amsterdam. Elle s'est promenée avec lui dans les prés, il l'a conduite devant la cascade, il lui a parlé de ses espérances sur la lisière du bois. Dieu seul a vu toute la joie de Ruysdaël. Mais un jour elle s'est embarquée avec son père et n'est jamais revenue. Il l'a attendue pendant des heures, pendant des années, pendant des siècles ! Pour se consoler, il peignait : il exprimait sur la toile toute la poétique douleur de son âme. Les bois qu'ils avaient vus ensemble, la branche qui leur touchait le front, l'herbe qui arrosait leurs pieds, la cascade qui leur chantait les délices du cœur avec la voix douce et mystérieuse de Dieu lui-même, le soleil couchant qu'ils avaient contemplé, l'orage qui les avait surpris, l'arbre cassé par la tempête un jour qu'ils passaient en bateau sur le canal : tous ces vivants souvenirs d'une belle saison, il les fixait avec son âme sur ses paysages. Qui sait ? cette âme ardente était peut-être tourmentée par cette poétique passion des poëtes pour l'infini et l'inconnu. Ruysdaël ne fuyait-il pas le monde pour se réfugier, craintif et rêveur, dans le silence des prairies, dans la solitude des bois? Peut-être avait-il compris ce que lui disaient la cascade, les forêts et les brins d'herbe.

Par la fenêtre de son atelier, Ruysdaël voyait les vertes prairies qui bordent l'Amstel, les bois de l'Ye, les hauts moulins égayant le paysage, les clochers aigus dominant les grands chênes; il assistait, depuis le mois de mai jusqu'au mois de septembre, au spectacle, toujours solennel et doux, du soleil couchant dans les arbres et sur les eaux. Il ne se contentait pas de vivre ainsi familièrement avec la nature : il avait des fleurs et des herbes dans son atelier. Ce qu'il étudiait surtout avec passion, c'était le contraste des lumières. Nul paysagiste n'a mieux entendu le clair-obscur. Il a eu trois manières bien distinctes : il a d'abord imité, mais toujours avec un accent original dont il ne pouvait se dépouiller, Berghem et Everdingen. On reconnaît les tableaux de sa première époque par la vivacité du ton. Quoiqu'il fût alors moins près de la nature, quelques amateurs recherchent ces tableaux plutôt que les autres, séduits qu'ils sont par je ne sais quel attrait qui frappe plus vive-

ment le regard. Dans la seconde époque, Ruysdaël
a passé à cette belle manière dont l'étude et le fini
font une merveille ; alors il a répandu dans ses tableaux un charme qui vous prend au cœur, car on
y retrouve toute la pensée et tout le sentiment du
peintre. Il ne copiait plus seulement la nature : il
lui donnait une âme. Enfin, dans sa troisième
époque ou sa troisième manière, il a peint des marines, des vues de Harlem, de Skeweling et autres
villes ou bourgades hollandaises avec un ton plus
grisâtre et un pinceau plus facile. Ces derniers tableaux sont les moins estimés. Ruysdaël, le rêveur
et poétique Ruysdaël, celui qui peignait avec amour
et avec passion tout ce que la nature lui montrait
de charmant, de triste et de pittoresque, avait fini
par ne plus peindre que pour s'enrichir. L'âge
d'or des rêveries était passé ; il survivait à ses illusions et à son beau talent. Appelé par son père
mourant, il retourna à Harlem. Il mourut avant
lui, peu de temps après, le 16 novembre 1681,
âgé de quarante et un à quarante-six ans.

Comme il vécut souvent en solitaire, dans le
silence des bois et de l'atelier, ses historiens n'ont
conservé de lui aucun trait capable de peindre son

caractère. Nous ne pouvons étudier sa vie que sur
des notes éparses çà et là. Nous savons à peine
qu'il fut triste, rêveur, timide, poëte surtout :
toutes ses œuvres nous l'ont dit. Il n'a pas vécu
dans le monde, parce qu'il a trouvé un autre monde
dans la nature, où son âme candide était moins
effarouchée; il a vécu familièrement avec les eaux
qui coulent, les feuilles qui s'agitent, les buissons
du sentier, les herbes de la prairie, les bois où
sifflent les merles, la petite barque qui s'endort
sur la rivière, les lointains bleuâtres où passent
pour le rêveur les images de la jeunesse, le rayon
qui joue sur la branche et sur le canal, la cascade
qui parle toujours cette langue mystérieuse que
d'abord on n'entend pas, qui bientôt vous dit, à
vous qui rêvez, des hymnes éloquentes, et, à vous
qui souffrez, mille paroles sympathiques.

Ruysdaël fut un paysagiste *automnal*; il aima
les coups de vent, les orages, les tristesses de novembre; la nature avait pour lui plus de larmes
que de sourires; quand il la voit sourire, ce n'est
pas encore le sourire de la gaieté ni de l'espérance, mais plutôt celui du souvenir qui console;
s'il peint le soleil, c'est le soleil couchant, celui

qui s'en va et non celui qui vient. Il aima surtout
les chutes d'eau : nous ne dirons pas, comme un
de ses historiens, parce que son nom de Ruysdaël
peut se traduire par *chute bruyante*, mais parce que
ces chutes d'eau servaient son goût pour les oppositions de couleur, parce qu'il aimait à rêver
auprès d'elles, elles qui calmaient son cœur agité !
Ce qui surtout séduisait Ruysdaël, c'était la mélancolie du soir. Il attendait que le soleil fût couché. Quand la vapeur se répandait chaude encore
des derniers rayons, quand le feuillage assombri
des arbres se détachait plus vivement du ciel
adouci, quand la lumière plus vague fuyait lentement sur les prairies, il prenait son pinceau et
saisissait l'inspiration au passage. Nul mieux que
lui n'a rendu l'agreste poésie d'un beau soir, la
fraîcheur déjà pénétrante de la brise qui répand la
rosée, les tons mystérieux des petits coins de bois.
Il aimait avant tout les eaux et les bois. On a de
lui des marines agitées, des cascades écumantes.
Le plus souvent, il se contentait de reproduire le
bord tranquille du canal ou le cours indolent du
ruisseau. Comme alors ses eaux étaient transpa-
rentes ! comme on y retrouvait le ciel, les nuages,

les arbres de la rive! Ses arbres n'étaient pas majestueux ; il n'a jamais rien compris aux cimes su-
perbes de ces beaux arbres du Poussin, qui s'élèvent
glorieusement dans les nues : les arbres de Ruysdaël
sont bien ceux de la solitude, pittoresques bien plus
que nobles. Il avait cru d'abord pouvoir se passer
de figures dans ses paysages, disant qu'il valait
mieux se promener dans un paysage solitaire que
dans un paysage habité; mais les amateurs ne
furent pas de son avis : on lui représenta que les
figures donnaient plus d'accent, plus de perspective et plus de mouvement. Il reconnut sans peine
qu'il n'avait aucun talent pour peindre les figures.
Il appela à son aide tour à tour Van den Velde,
Berghem, Wouvermans et Lingelback, qui peu-
plaient ses paysages, on le sait, avec une merveilleuse adresse de main. A l'élégie de Jacques Ruysdaël ces maîtres ajoutaient une églogue.

Ruysdaël avait une nature trop exquise pour
laisser des élèves dignes de lui. On ne cite guère
que Devries et son frère Salomon Ruysdaël[1]. On

---

[1] On a bien oublié Salomon Ruysdaël, qui précéda son frère
de vingt ans. C'était un froid paysagiste qui suivait la vieille
manière de Van Goyen. La gloire de son frère a rejailli plus

a souvent confondu Hobbéma [1] et Devries avec Ruysdaël, comme on peut confondre une prairie de Harlem et une prairie de Leyde. Ceux qui ne reconnaissent pas de prime abord un paysage de Ruysdaël n'entendront jamais rien à la poésie de l'art et de la nature. Pour peu qu'on ait étudié les maîtres hollandais, on n'oublie pas que Ruysdaël est matériellement reconnaissable par la vérité de sa touche, par son feuillé ferme et aigu, par ses troncs d'arbres vigoureusement peints, qui se détachent si bien sur les masses vertes. Comment ne

tard sur lui. Sur la fin de sa carrière, il imita Jacques, mais plutôt dans le but de mieux vendre ses tableaux à ceux qui achètent surtout les noms. Les seuls paysages signés de lui et recherchés à cette heure sont ceux dont Wouvermans a peint les figures.

[1] Un grand paysagiste longtemps méconnu, Hobbéma, s'est inspiré des pages poétiques de Ruysdaël. Hobbéma est tout à fait inconnu dans l'histoire. Admirable temps, où l'on s'inquiétait plus d'avoir du talent que de laisser un nom !

« Les écrivains ne sont pas d'accord sur le pays où ce grand paysagiste a vu le jour. L'un prétend qu'il est né en Frise, son nom ayant la terminaison qu'ont beaucoup de noms de famille de cette province ; l'autre dans la ville de Harlem, et un troisième dans la province de Drenthe. Dans les auteurs anglais, on trouve Anvers et Hambourg mentionnés comme lieux de sa naissance ; suivant ces derniers, il est venu au monde l'an 1611. Du moins ce qui est bien certain, c'est qu'il a vécu et travaillé en Hollande. Les paysages de la Gueldre avec ses moulins à eau, ceux

pas reconnaître un Ruysdaël à cette chaumière argileuse, moulin, ferme ou masure de pâtre, qui se découpe sur un ciel vif et argentin ! à ces grands effets d'ombres et de lumières dans ces vastes campagnes attristées par le passage d'une giboulée, çà et là égayés par les rayons furtifs d'un soleil d'avril ! Mais on reconnaît surtout Ruysdaël parce que, seul peut-être entre tous les paysagistes, il a mis son âme dans son œuvre. Il a fait

de la Drenthe avec la construction particulière de ses fermes, et en général les parties les plus pittoresques de la Hollande ont tour à tour attiré son génie attentif et occupé son merveilleux pinceau. En rang, il se trouve placé, sinon plus haut que Jacques Ruysdaël, du moins au même degré de perfection. Il possédait l'art si difficile d'unir la clarté à la force dans des paysages d'une beauté enchanteresse, d'une exécution aussi agréable que naturelle. Son coloris est brillant là où le reflet du soleil de midi l'exige, tempéré dans les jours habituels ou à ci l couvert. Il était d'une vérité inimitable dans le clair-obscur. Ses fonds ressortent bien et sont peints d'une manière large ; ses arbres sont frais et élancés, ses nuages transparents et fuient gracieusement bordés d'une teinte dorée en harmonie avec le ton du paysage sur les arrière-plans. Il était translucide dans les teintes d'ombre là où l'art bien entendu l'exige, et, pour cela même, son pinceau contribuait à merveille à l'effet magique de l'ensemble. Van den Velde, Berghem, Lingelback et autres ont peint les accessoires dans quelques-uns de ses paysages.

« Ses œuvres dont, à ce qu'il paraît, on n'a pas su d'abord apprécier la haute valeur, se payent aujourd'hui très cher. A la vente du cabinet de peinture de M. Stinstra, à Amsterdam,

des paysages d'*impressions*; il a su fixer un sentiment dans un rayon qui passait, dans un coup de vent, dans une ombre fugitive. Pas une de ses pages où ne se retrouve cette âme mélancolique, sauvage même, qui n'a confié qu'aux arbres émus et aux chutes d'eau toutes ses sombres rêveries. On aime Ruysdaël; on peut être séduit par Berghem, émerveillé par Paul Potter; mais on revient à Ruysdaël avec une passion sérieuse et profonde : les autres vous prennent par les yeux, lui vous prend par le cœur [1].

en 1822, un paysage riche en arbres et en collines de Hobbéma a été payé 7,000 florins (15,000 francs), et à celle du cabinet de peinture de M. G. Muller, en 1827, un beau paysage avec un moulin à eau de ce même maître fut vendu 13,075 florins (28,000 francs); dans la vente des objets d'art de la succession de M. Jacques de Vos, un autre paysage monta au prix de 11,400 florins (24,400 francs).

« D'après le catalogue raisonné de Van Schilh, London, 1835, il y a 124 tableaux de Hobbéma répandus en Europe, dont la plupart est en Angleterre. M. le baron Verstolk Van Zoelen, à la Hage, possède le paysage mentionné ci-dessus, vendu en 1827, ainsi que le tableau si connu, représentant la tour de la factorerie des Harengs, à Amsterdam. Il n'y a que cinq tableaux de ce maître en Belgique; un paysage de la Drenthe est dans le cabinet du roi belge; un autre avec un four à chaux dans celui du duc d'Aremberg. » IMMEZZEEL.

[1] Ruysdaël a aussi gravé à l'eau forte. On retrouve dans ses gravures l'effet, l'harmonie, presque l'âme de ses tableaux.

IV.

Berghem était un homme d'imagination comme
Ruysdaël était un homme de sentiment ; mais l'i-
magination, qui fait presque toujours son charme,
égare quelquefois son talent. Il a eu le tort de
vouloir ennoblir la nature des animaux par la
grâce plutôt que par la force. Un de ses admirateurs l'appelle avec enthousiasme l'Albane des
vaches ; selon nous, c'est une grande injure, d'a-
bord parce que l'Albane est un mauvais peintre,
qui a toujours cherché la grâce sans la saisir, ensuite parce que, les vaches ne posant pas et ne
visant pas aux belles manières, il faut se contenter de les peindre comme elles sont.

Berghem arrangeait la nature ; Ruysdaël la reproduisait fidèlement, mais il attendait l'heure
poétique ; Potter seul copiait avec une pieuse
exactitude, quelle que fût l'heure. Berghem,
homme d'imagination et de fantaisie, considérait
un peu la nature comme un théâtre pour les créations : aussi dans ses paysages la figure domine

la nature ; la figure vous frappe de prime abord ; il y a presque toujours un tableau de genre sur le premier plan, une scène d'ailleurs en harmonie avec le paysage : ainsi une rencontre de charbonniers, le passage d'un gué, un déjeuner de bûcherons. Ruysdaël, plus épris de la nature, se contente d'en montrer les joies intimes, les accidents, la fécondité, les désastres, les beautés pittoresques ; il fait couler la sève, il fait fleurir l'herbe, il agite les arbres, il les casse ou les renverse, il révèle le mystère des bois. Le premier est un poëte charmant plein d'entrain et de gaieté, dont la verve vous surprend et vous retient au point de départ, le second est un rêveur qui vous entraîne dans le silence de la solitude, au fond des forêts, au bord de l'eau, sur la roche déserte. Paul Potter n'est ni poëte ni rêveur, c'est un peintre naïf. La nature, pour lui, n'est pas un harmonieux théâtre ; il ne veut pas y rêver : peintre avant tout, il veut lutter avec elle par la vérité extérieure.

Ainsi on voit qu'en même temps, dans le même pays, dominaient les trois caractères du paysage hollandais. Après Paul Potter, Berghem et Ruysdaël, après Hobbéma qui égale ces trois maîtres,

cet art de peindre avec vérité, fantaisie ou sentiment, l'œuvre de Dieu, dégénère et expire bientôt.
Quelques paysagistes rappellent encore tour à
tour ces peintres illustres, jusqu'au jour où Van
Huysum réduit l'art hollandais à un coquelicot.
Le naturalisme, né dans les fonds verts et bleus
de Jean Van Eyck et d'Albert Van Ouwater, va
expirer dans un bouquet de Van Huysum.

XVII.

LES PEINTRES DE MARINES.

—

GRIFFIER. — VAN GOYEN. — PARCELLIS.
KNIPHERGEN.
LES VAN DEN VELDE. — BONAVENTURE PETERS.
BACKUYSEN.

La Hollande est célèbre pour ses peintres de marines comme pour ses paysagistes. Pour moi, les trois premiers sont Guillaume Van den Velde, Albert Cuyp et Jacques Ruysdaël.

Dans les premiers âges de la peinture nationale, il se trouva, en Hollande, des peintres de marines très familiarisés avec la mer, Jean Griftier, connu sous le nom du gentilhomme d'Utrecht, fut l'amant le plus passionné de la mer. Il passa toute sa vie sur l'Océan. C'était une si grande passion, qu'il acheta un vaisseau, disant qu'il y voulait vivre et mourir. Il fit avec la mer un bail de trois ans, allant au hasard, confiant sa famille aux caprices de Neptune. Au bout de trois ans, sa femme et ses enfants se mirent à crier : Terre! terre! Il les conduisit au rivage et retourna dans sa maison voyageuse [1].

Jean Van Goyen (1596-1656) est un marin d'eau douce, sobre de tons et d'effets, qui n'a jamais saisi l'altière fureur ou la voluptueuse sérénité de la mer. Il avait étudié chez Isaïe Van den Velde, peut-être l'oncle de Guillaume Van den Velde. Il avait presque la touche légère et expéditive de David Teniers; ses tableaux sem-

---

[1] « Cet artiste avait la manie tout à fait originale de ne vouloir vivre que sur mer. Il faisait l'acquisition d'un navire pour y demeurer, lui, sa femme et ses enfants, comme l'on a coutume d'acheter une maison. Il allait le long des côtes de la Hollande, toujours dans sa maison flottante, et peignait de très jolies vues, des paysages, des marines. Sa fortune éprouva l'inconstance de l'élément qu'il aimait. Il fit souvent naufrage, et vit vingt fois tout ce qu'il possédait englouti dans les eaux, sans vouloir changer son genre de vie. » *Le Spectateur.*

blent faits de rien. Et, en effet, ce ne sont pas des œuvres de patience. Le temps, qui enrichit tant de toiles centenaires par son travail invisible, a fait beaucoup perdre à celles de Van Goyen. Ses paysages et ses marines ont tourné au gris, parce qu'il employait le fameux bleu de Harlem, qui a trompé tant d'artistes dans la même période. Vlieger rappelle Van Goyen par le choix des sites ; il est moins pittoresque, mais son coloris est plus soutenu.

Parcellis et Kniphergen ont été renommés pour leur talent à peindre la mer dans ses fureurs, comme les coups de vent et les naufrages. Avant Vernet, ils avaient cherché en compagnie les mêmes périls, pour rendre mieux l'effroi des tempêtes. Aussi n'est-ce pas sans impression qu'on regarde une de leurs marines où le ciel est confondu avec la mer par les éclairs, la pluie, les vaisseaux brisés.

Guillaume Van den Velde le vieux, né à Leyde en 1610 et mort à Londres en 1693, fut presque l'homme de génie du genre. Dès son enfance, il allait interroger la mer sur le rivage. A douze ans, il se jetait dans quelque fragile barque de

pêcheur pour recevoir, au premier coup de vent,
le baptême des flots. A quinze ans, il aurait pu
construire un vaisseau et le conduire au bout du
monde. On fut surpris, à La Haye et à Amsterdam, des beaux dessins de Guillaume Van den
Velde. Les États de Hollande, comprenant qu'il
leur était né un amiral ou un peintre de génie,
firent équiper à ce jeune homme une petite fré-
gate très élégante et très légère, donnant l'ordre
à celui qui la commandait de conduire Guillaume
Van den Velde partout où il l'indiquerait. Il devait
y avoir un combat naval entre les Anglais et les
Hollandais ; Van den Velde voulut en être. « On
vit alors un dessinateur s'engager dans le feu d'un
combat, voltiger tour à tour vers la flotte des
ennemis et revenir à son poste. L'amiral Opdam
n'était pas peu surpris de voir un homme exposer
sa vie pour une autre gloire que celle des armes [1]. »
Van den Velde passa presque toute sa vie en
pleine mer. Il avait cinquante-six ans quand, sous
les ordres de Monck et de Ruyter, les Anglais et
les Hollandais se livrèrent le fameux combat du
port d'Ostende. L'intrépide dessinateur subit le
feu des deux côtés, dessinant toutes les manœu-

vres et tous les mouvements des deux flottes avec beaucoup de feu et d'exactitude. Charles Ier l'appela à sa cour et l'y retint. On s'étonne bien un peu de cette ingratitude pour son pays, qui, dès ses premières années, l'avait traité en homme de marque. Le vieux Van den Velde était un grand dessinateur; la mer lui avait dit tous ses secrets; mais le pinceau fut toujours rebelle à cette main si sûre du crayon ou de la plume. Ce qui reste de lui en dessins sur toile ou sur papier prouve qu'avec la plume et le crayon il parvenait à rendre tous les aspects d'un combat ou d'une tempête sur mer.

Guillaume Van den Velde le fils naquit à Amsterdam en 1633, et suivit son père à Londres, où il mourut en 1707. Le père n'avait pas eu de maître; le fils n'eut guère que les dessins de son père. Il étudia chez Wieger, un peintre de marines comme il y en avait tant, qui, dès les premières leçons, lui déclara qu'il ne pouvait rien lui enseigner. Le père était déjà à Londres; il montra quelques petites marines du jeune homme à Jacques II, qui en fut émerveillé et l'appela à la cour d'Angleterre, où il lui fit, comme à son père, une pension considérable avec la charge de peintre des combats sur mer, à peu près comme Van der Meulen était peintre des batailles sur terre.

Guillaume Van den Velde eut le génie que son père avait rêvé. Il dessinait comme lui ses vaisseaux avec la même précision, mais il répandait sur ses marines cette couleur vigoureuse, dorée et transparente, dont le père n'avait pas eu le secret. Comme il représentait avec vérité l'agitation des vagues et leurs brisements! Quelle suprême harmonie entre cette mer furieuse qui roule des flots écumeux et ce ciel inquiet qui roule des nuages chargés de tempêtes! Comme le peintre a bien exprimé la poésie du danger et la grandeur de celui qui donne ces spectacles! Ses mers calmes sont peut-être encore plus belles par la transparence des eaux, par l'harmonie des tons aériens, par la splendeur de l'infini.

Guillaume Van den Velde est le roi de la mer, comme Brauwer est le roi du cabaret : ces deux royautés-là sont peut-être les seules impérissables.

Bonaventure Peters (1614-1652) n'a jamais bien compris la mer en repos. Il vivait dans un ouragan

perpétuel ; là il engloutit le vaisseau, plus loin il
le fait sauter par l'incendie, ici il le brise contre
un écueil. Il aimait à aventurer les pauvres passagers sur des barques légères soulevées par le
mauvais vent comme les ailes d'un aigle. Ses petites figures sont touchées avec beaucoup d'esprit.
Son frère, Jean Peters, cherchait comme lui tous
les épouvantements de cette grande tombe toujours ouverte. Il a moins d'esprit et plus d'incer-
titude dans la touche. Bonaventure Peters se reposait çà et là des ouragans par la poésie galante. Il
était renommé pour ses jolis vers et sa gaie
science.

Ludolphe Backuysen commença à se révéler par
une belle écriture. Il tenait les livres de comptes
chez un négociant. Il dessinait à la plume des barques et des vaisseaux dans ses heures de loisir ;
on reconnut bientôt son talent ; on le força pour
ainsi dire à apprendre l'art de peindre. Il se décida avec peine à demander des leçons à Everdingen, qui comprenait avant Ruysdaël toutes les
profondes tristesses de la mer et de la nature en
ces jours de deuil si communs en Hollande. Backuysen ne fut pas peintre du premier coup ; il lui

fallut, comme ses devanciers, aller en pleine mer
et s'exposer aux tempêtes pour arriver au sentiment de la vérité[1]. Les matelots les plus intrépides, effrayés du danger, l'ont plus d'une fois
ramené à terre malgré lui : « Je ne connais d'autre
danger, dit-il un jour au roi de Prusse, que celui
de rester ignorant. » A peine débarqué d'une promenade en mer, il courait à son atelier sans pen-
ser à personne; il s'enfermait à tour de clef et
peignait avec passion tout ce qu'il avait encore
sous les yeux. Nul n'a mieux saisi les grands effets, si passagers, de la tempête.

Ce qui doit sembler étonnant, c'est que, malgré
sa renommée, il demeura jusqu'à sa mort maître
d'écriture; il est vrai que c'était le temps des lettres jetées avec style et qu'il avait pour élèves les
principaux personnages d'Amsterdam. Nous nous
permettrons pourtant d'en chagriner sa mémoire.
Il ne devait pas se faire maître d'école, fût-ce pour

[1] Au milieu d'une tempête, souvent Bakuysen s'embarquait
dans une chaloupe et se faisait mener loin du rivage : il voulait,
d'une certaine distance, observer ce fracas horrible des vagues,
qui, après s'être élevées jusqu'aux nues, viennent en écumant
se briser contre les côtes. Il observait le choc et les débris des

un roi ou un bourgmestre. C'était un philosophe aimable, aimant les poëtes et la poésie, riant un peu des vanités humaines et voyant venir la mort comme un lendemain. Un vieil usage en Hollande, comme en d'autres pays, était de présenter un verre de bon vin à ceux qui devaient conduire un mort au cimetière. Se sentant chanceler vers la tombe, Backuysen alla chez un cabaretier, acheta le meilleur vin qu'il put trouver, le mit lui-même en bouteille, le scella de son cachet, et invita au funèbre voyage ceux qu'il jugeait dignes de le boire. Né à Embden en 1631, il mourut à Amsterdam en 1709.

Nous avons parlé d'Albert Cuyp, reparlerons-nous de Ruysdaël? Ce furent deux grands peintres de marines, les plus grands avec Van den Velde. Pynaker, par ses lointains, ses ciels vaporeux et ses vagues en mouvement, Lingelback par ses

vaisseaux qui échouaient contre un rocher, le travail et le trouble des matelots épouvantés : lui seul, près de partager leurs périls, n'en était point effrayé. Attentif au milieu de l'orage, et de sang-froid sur une frêle barque, il dessinait tranquillement ses esquisses. Les matelots les plus intrépides, saisis d'effroi, l'ont plus d'une fois ramené à terre malgré lui. *Le Spectateur.*

beaux tons et ses effets poétiques, Antoine Blan-
khof par son culte à la vérité, Abraham Storck
par ses lignes sévères, son abondance et son style,
Minderhout malgré le mauvais coloris de ses ciels
et la pauvre exécution de ses figures, sont dignes
d'être remarqués en cette illustre compagnie.

XVIII.

LA DERNIÈRE EXPRESSION.

DANIEL SEGHERS. — VAN THIELDEN.
CORNILLE KIEK. — VAN KESSEL. — WEYERMANS.
DAVID DE HEEM. — MOORTEL. — MARIE OOSTERWICK.
KALF. — RACHEL RUISCH.
VAN HUYSUM.

La Hollande, où les fleurs ne s'épanouissent qu'entre deux giboulées, devait être le pays des peintres de fleurs. En effet, c'est une mission toute poétique de continuer le sourire de la nature, de vaincre le climat, de donner par l'art ce que refuse le soleil. L'hiver est si long et les fleurs sont si douces au regard ! la nature est ensevelie sous un linceul de neige ou sous un voile de brume, mais du moins ce qui fait sa gaieté et sa

poésie lui survivra dans les mauvais jours. Quand
viendra novembre avec son déluge, les peintres
cueilleront les roses et les tulipes sur leur palette.

Daniel Seghers (1590-1660) était né grand
peintre et ne peignit que des fleurs, mais ce fut
avec un sentiment et un style que n'ont pas trou-
vés ceux qui l'ont suivi. Il étudia, nous l'avons dit,
sous Breughel de Velours, cette fée perdue dans le
bleu. Il entra dans l'ordre des jésuites et voyagea
en Italie, d'où il revint bientôt avec la gerbe d'or
des études et des souvenirs. A son retour, Rubens,
émerveillé de sa touche à la fois large et délicate,
le rechercha pour encadrer de fraîches guirlandes
ses madones souriantes. On voit encore à Anvers,
dans l'église des jésuites, une de leurs communes
merveilles, la Vierge et l'Enfant-Jésus dans une
guirlande de fleurs et de fruits. Tout ce que donne
d'avril à octobre la bonne mère nature se trouve
réuni dans cette pieuse guirlande avec l'harmonie
et le caractère des belles œuvres. En un mot, Seghers s'y montre digne de Rubens. Il aimait surtout à représenter les lys blancs et les roses rouges,
les tiges et les feuilles. Ses houx font illusion. De-

puis longtemps nous avons sous les yeux une de ses guirlandes; nous l'aimons toujours, non pas pour l'illusion, mais pour le style. Ces fleurs-là sont pour nous celles du jardin de l'idéal. Si nous recherchions les vraies fleurs que crée Dieu dans son sourire, nous aurions une jardinière toute peuplée ou un bouquet de Van Huysum; car Dieu et Van Huysum, c'est la même chose, c'est le même éclat, la même couleur, la même délicatesse, j'allais dire le même parfum.

Van Thielden (1618-1667) et ses trois filles, Thérèse, Catherine et Marie, ont suivi de près Daniel Seghers.

On confond quelquefois Van Thielden avec le jésuite, qui fut son maître, et on confond quelquefois les trois filles de Van Thielden avec leur père. Cependant le père avait moins de style et de fraîcheur que Seghers; et Thérèse, Catherine et Marie Van Thielden ont un accent bien féminin. Cornille Kiek, d'Amsterdam, imitait aussi Seghers; mais la patience altérait un peu son coloris. Il groupait ses fleurs avec beaucoup de goût; les tulipes et les hyacinthes dominent trop dans ses bouquets.

Jean Van Kessel imitait Breughel de Velours, dans ses fleurs, ses fruits, ses oiseaux et ses reptiles; son dessin est précis, sa couleur intelligente, sa touche un peu sèche. Il a, comme Breughel, représenté plus d'une fois *les Quatre Éléments*, non sans quelque poésie.

Jacques Campo Weyermans (1679-1747), qui a publié une vie des peintres en hollandais, fut élève de Van Kessel; il peignit comme lui des fleurs et des fruits. Croira-t-on qu'avec un goût très prononcé pour cette peinture innocente Weyermans était un libelliste et un coquin qui n'échappa à la corde que par la prison perpétuelle? Son livre sur les peintres de son pays est plus curieux que sérieux. C'est un esprit licencieux, qui s'amuse à raconter des libertinages. Cependant, soit dans ses écrits, soit dans ses tableaux, il a prouvé qu'on peut avoir du talent sans avoir du cœur.

David de Heem, né à Utrecht en 1600 et mort à Anvers en 1674, avait une touche large et légère. Ses fleurs ont beaucoup d'éclat, de transparence, d'harmonie et de relief. La renommée courut au devant de lui; il fut chanté par les

poëtes et payé par les rois d'une manière dithy-
rambique de part et d'autre. Il avait l'art de cacher le travail, quoique très amoureux du fini. Il
avait à un plus haut degré que Seghers la science
du clair-obscur; variant à l'infini ses vases d'or,
d'argent, de marbre et de cristal, il trouvait plus
de ressources pour les jeux du coloris; il éblouis-
sait par le reflet des corps polis sur les corps
mats. Ses bouquets sont de jolis poëmes où toutes
les fleurs chantent une strophe.

Parmi ses élèves, on distingue en première ligne
son fils Cornille de Heem et Abraham Mignon,
qui n'eut ni son harmonie ni sa légèreté. Cornille
de Heem a le même relief et le même éclat;
Abraham Mignon est plus patient et tombe dans
la sécheresse. Moortel de Leyde, né en 1650,
mort en 1719, imitait de Heem et Mignon. Ses
fleurs n'ont pas de sève, mais ses fruits sont quelquefois nourris par le rayon et la rosée du matin.

Marie Oosterwyck, née près de Delft en 1630,
fut aussi élève de David de Heem; elle est citée
au nombre des femmes illustres de la Hollande.
Louis XIV lui écrivit de sa main toute royale pour
avoir un de ses bouquets. Cette célèbre bouque-

tière vécut dans la retraite ; « elle ne voulut pas recevoir, dit Descamps, les vœux de l'Hymen, car, s'étant dévouée à la déesse Flore, elle eût craint de rompre son engagement. » Ses fleurs sont peintes avec un vrai talent ; elle avait l'art d'assortir les bouquets avec la main toute délicate d'une femme ; aussi, ce qui domine dans son jardin, c'est le charme.

Wilhem Kalf était coloriste et touchait avec force. Il commença par peindre des fleurs et des fruits ; il abandonna bientôt les fleurs, trouvant leur parfum et leur coloris dans les pêches, les fraises, les framboises et les raisins. Il était toujours vrai et lumineux. Ses vases, ses coupes et ses verres sont d'une forme élégante et variée. Il tranchait ses melons dans le vif. C'était un gai conteur, qui passait la nuit à se faire écouter.

Rachel Ruisch « parcourut sur les fleurs les quatre-vingts ans de sa carrière. » Elle avait l'art de faire des bouquets et de grouper les fruits. Elle vivait enfermée, toute à la peinture, comme la belle Marie Oosterwyck, mais elle fut moins rebelle au dieu d'hymen ; il est vrai qu'elle se laissa surprendre par l'amour. « Un peintre aimable et jeune, Pool, s'introduisit chez elle; s'il n'eût été qu'aimable et jeune, il n'aurait pas réussi; mais il était bon peintre, il fut aimé. » Nous croyons qu'il faut retourner la phrase. Qu'importe! elle eut du talent, elle fut chantée par les poëtes, elle reproduisit avec candeur les joies du printemps et de l'automne.

Saluons en passant Cornille Brize chanté par Vondel, Verbruggen le roi des tulipes, Hardimé le poëte des saisons, Rhin-Graef et Méléagre qui portèrent pieusement au soleil italien les pâles fleurs du nord.

Le père de Van Huysum avait une boutique de peinture où étaient employés tous ses enfants : l'un peignait des dessus de portes, l'autre des paravents, celui-ci des batailles, celui-là, c'était Jean Van Huysum, des fleurs, des fruits et des paysages. Voulant être plus libre, il quitta son père et se maria. Sa femme prit un amant pour qu'il eût toute liberté : elle le laissa seul avec ses fleurs. Il se consola en cette compagnie, toujours jeune et souriante. Il mourut en 1749; il était né à Amsterdam en 1682.

Les fleurs de Van Huysum sont des merveilles

de délicatesse et de fraîcheur ; on n'oserait les
toucher, de peur de les flétrir. Elles vivent dans
ses cadres comme s'il les eût semées en pleine
terre ; elles sont soulevées par le vent, baignées
par la rosée ; c'est au soleil qu'elles doivent leur
éclat. Van Huysum est d'une précision admirable ; il y arrive par la justesse de touche et non
par la patience, car il n'est ni froid ni poli, hormis dans ses fruits, qui ne sont pas dignes de ses
fleurs. Il n'a point de manière, tant il a celle de
la nature. C'est comme par merveille qu'il a rendu
le duvet, l'éclat, le velouté, la transparence des
roses, des lys, des tulipes, des coquelicots, des
mille bouquets qui sont tombés de sa palette.
Quelle illusion dans ses nids d'oiseaux, ses pa-
pillons, ses guêpes et ses gouttes de rosée ! Il ne
trompe pas seulement les yeux, il trompe l'esprit.
Ses paysages sont remarquables et dignes de sa
renommée. Un chaud rayon dore ses ciels, ses
lointains, ses vallées et ses montagnes. Ils sont
habités par de jolies figures touchées avec esprit,
dans le style de Gérard de Lairesse.

Van Huysum est le dernier mot du réalisme, la
nature à sa dernière expression. Après lui on peut

trouver encore des peintres estimables, mais on ne trouve plus de grands artistes. A son nom se doit fermer le livre. L'art des Pays-Bas s'était épuisé en œuvres de génie ; après avoir donné sur ce sol fécond un chêne dans Rembrandt, il ne donnait plus qu'une tulipe dans Van Huysum.

Les peintres flamands et hollandais ont parcouru le cycle de l'art. Ils sont descendus peu à peu du ciel en pleine nature, représentant d'abord Dieu dans sa gloire céleste, finissant par le représenter dans sa gloire terrestre, passant des splendeurs austères du christianisme aux splendeurs éclatantes du panthéisme.

Nous avons omis quelques noms très secondaires pouvant entraver la marche de l'histoire, car nous voulions écrire une histoire et non un dictionnaire. Nous avons étudié avec ferveur toutes les figures grandioses ou seulement originales, toutes celles qui ont un caractère dans l'art. Les imitateurs, les copistes serviles, les ouvriers, les artistes même qui n'ont eu que des éclairs, nous les avons à peine indiqués dans le fond du tableau.

En déposant la plume, inscrivons ici le nom de tous ceux qui honorent aujourd'hui les arts par leur critique : L. Vitet, Delécluse, T. Gautier, P. Haussart, T. Thoré, D. Stern, L. Peisse, E. Pelletan, F. Mercey, C. Blanc, Didron, C. Lafayette, C. de Ris, L. de Ronchaud, P. Mantz, A. Esquiros, P. Malitourne, F. Wey, J. Janin, C. Lenormand ; d'autres non moins dignes et non moins estimés : enfin quelques artistes qui savent sculpter et peindre avec la plume : David d'Angers, Pradier, E. Delacroix, H. Lehmann, Amaury-Duval.

Tout en reconnaissant la force et l'éclat de quelques nobles tentatives modernes, il faut bien avouer qu'en Flandre
et en Hollande, le siècle d'or des arts est depuis longtemps
évanoui. Il y avait un poëte en Hollande, Ary Scheffer: il est
venu se joindre aux nôtres. Schlegel, qui parlait des peintres
sans voir leurs tableaux, citait avec éloges, il y a vingt ans,
Ommeganck, Van Os, Pieneman, Van Spaendonk, Knipers,
Van Brée, Hoodges, Wonder. Plus d'un nouveau nom s'est
révélé depuis vingt ans, mais pas un grand peintre.

Les paysagistes d'aujourd'hui se sont éloignés de la nature
pour avoir voulu la voir de trop près : il leur manque la saveur de Paul Potter, la poésie de Berghem, le sentiment de
Ruysdaël. MM. Verboeckhoven, Stevens et Koekkoek auraient peut-être dignement continué Paul Potter et Wynants,
s'ils avaient étudié en pleine nature, au lieu d'étudier devant
les toiles de Paul Potter et de Wynants ; ils sont maîtres de
leur pinceau et de leur palette, il ne leur manque guère que
de se promener comme un pâtre ou comme un poëte en pleine
campagne, les pieds dans la rosée, l'œil baigné de lumière
blonde, respirant la saveur agreste. Les peintres de genre
n'ont pas ce charme de vie et de lumière des anciens maîtres
d'Anvers, de Leyde et d'Amsterdam. Au lieu d'imiter la
nature avec le sens de l'art et d'interpréter les leçons des

Terburg, des Brauwer et des Metzu, ils copient trop souvent
mot à mot. Quant aux peintres de portraits, ils ne se sou-
viennent guère qu'ils sont du pays de Rubens, de Van Dyck,
de Rembrandt et de Hals. Y a-t-il des peintres d'histoire?
M. Gallait ne manque ni d'invention, ni de sentiment, ni de
palette, mais il s'arrête en chemin. M. Wappers, qui croit
avoir ramassé le pinceau de Rubens, abuse de sa verve et
l'épuise en œuvres de hasard ; il n'est ni étudié ni sévère dans
ses grandes compositions. Cependant ses derniers tableaux,
non pas ses portraits, prouvent chez lui une heureuse trans-
formation. La manière de M. de Keyser est un peu timide.
C'est, dit-on, par système : M. de Keyser craint le caractère
et reste dans le vague. Mais le vague demande à être illuminé
par les éclairs du génie. Son talent est varié; il passe sans
effort du sentiment religieux au sentiment poétique, ou plutôt romanesque, comme Ary Scheffer; mais sa couleur,
comme celle de ce maître, est trop sage pour enivrer le regard. Cet artiste ne manque d'ailleurs ni d'éclat ni de transparence; ce qui lui manque surtout, c'est l'amour du style.
M. Verheyden cherche la grâce accessible et ne s'élève pas à
la grâce idéale. MM. Boosboom et Wallays devraient étudier
à l'atelier de Franz Hals. M. Van Hove compose avec esprit
les scènes épisodiques; s'il osait, il serait coloriste. Que les
peintres de marines sont loin de Ven den Velde! Pourtant
il faut estimer MM. Nüyen, Waldorp, Schotel, Jacobs.
M. Meyer est venu régner à Paris. M. Schelfout ne vaut pas
mieux, mais ne vaut pas moins que M. Gudin. M. Leys a

un peu de la bonne humeur de Jean Steen ; il compose avec abandon, il peint avec une touche grasse et fertile ; il a l'instinct, sinon le sentiment du clair-obscur. C'est un vrai peintre digne du bon temps. On pourrait presque en dire autant de M. Dykmans qui veut rappeler Metzu, de M. Madou qui veut rappeler Teniers. M. de Block fait avec esprit des paysans qui ne sont pas des paysans. M. Molyn suit d'assez près M. Leys. On passe vite devant les tableaux de M. de Brackelaer comme devant ceux de M. Van Regemorter. M. Brias oublie que, dans son fini merveilleux, Gérard Dow, son maître, gardait tout le feu de l'inspiration. M. Van Schendel n'est pas vrai, parce qu'il veut être trop vrai ; la vérité ne veut pas être vue au microscope ; elle n'aime pas non plus les petits effets, comme les cherchait Schalken et comme les cherche M. Van Schendel, par imitation de ce peintre [1].

Il y a une loi qui gouverne l'art et le rapproche de Dieu, c'est l'infini ; ce qui perd la plupart des peintres modernes de

---

[1] Parmi les autres peintres dignes de remarque à plus d'un titre, on peut nommer çà et là : Kruseman, Geefs, Gingelen, Gemssen, Bromn, Kindermans, Vennemann, Navez, Zoeher, Abels, Simonis, Craeyvanger, de Boer, Darlet, Verveer, Carolus, Nuyjen, Dillens, Mathieu, Eeckhout, Ortmans, Corr, de Fontenay, Tanzel, Brondgast, Hulst, Cuysenaer, Hart, Bruggen, Hamburger, Kuhnen, Dubourg, Bloeners, de Jonghe, Bilders, Eycken, Robbe, Karsen, Schaepkens, Couwenberg, Kellen, de Bièfve, Schmidt, Van Bereven, Isendyck, de Vigne, Paelink, Schoteel, Portmann, Swerts, Battaille, Wittkamp, Henri et Adolphe Dillens, Hunin, Beckers, Van Ruyck, Meynne, Gernaert, Jongkens. N'oublions pas mesdames Calamatta, O'Connel, Gelfs.

la Flandre et de la Hollande, c'est l'amour du fini. Au lieu de se jeter hardiment dans l'espace, ils prennent la loupe de Gérard Dow. Ils épuisent dans le détail toutes les forces de l'inspiration ; ils regardent le ciel dans un puits, croyant y trouver la vérité ; le soleil les effraie par ses magiques effets, ils allument la bougie comme le vieux Schalken. S'il y a eu deux maîtres détestables au monde, c'est Gérard Dow et Schalken.

Que les artistes du Nord, s'il veulent arriver à la poésie, étudient les belles pages de la renaissance et entr'ouvrent leurs lèvres à la source toute jaillissante du sentiment moderne ; s'ils veulent arriver au réalisme comme Rembrandt et Paul Potter, qu'ils se retrempent en pleine nature et n'étudient plus dans les galeries de tableaux ; il n'y a qu'un maître qui soit digne d'imitation : c'est Dieu.

ERRATA. — Page 1re du tome I, au titre de l'Introduction, supprimez à la 4e ligne le mot *naissance*.

Page 128, dernière ligne, au lieu de *Maller*, lisez *Muller*.

Page 246, après la 5e ligne de la note, avant le récit emprunté à Schnaer, il manque une ligne de points en guise de transition.

Page 1re du tome II, après : « il a plus d'ampleur, plus d'éclat, plus de variété, » ajoutez : *que les peintres primitifs.*

Page 229, au lieu de : Il la fuyait *du matin au soir*, lisez *du soir au matin.*

FIN DU DEUXIÈME ET DERNIER VOLUME.

TABLE DES MATIÈRES

DU TOME SECOND.

FIN DE LA TABLE DU TOME SECOND.

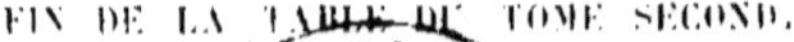

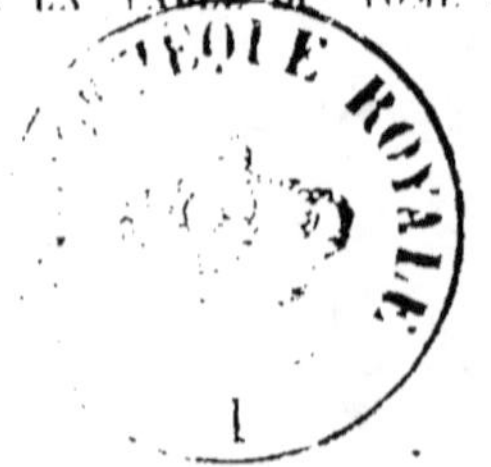